MILLIONAIRE THINKING

一流の人はなぜ、そう考えるのか

鳥居祐一
Yuichi D. Torii

PHP

はじめに

私が、数多くの成功者や億万長者たちと交流させていただいてから20年以上の月日が経ちました。もちろん自分自身は、彼らの域にはまだまだ達していません。

しかし元来、慢性金欠病で牛丼しか食べられなかったその当時の極貧時代からすると、今ではやりたいことをほぼ実現し、悔いのない人生を送れていることに感謝しています。それができた一つの要因として、一流の人の行動・習慣・考え方を徹底的にモデリングしてきたことが挙げられます。

では「一流の人に共通する資質」とは何でしょうか?

明るい、よく笑う、誠実、謙虚、行動的、好奇心旺盛、無邪気、楽天的、ポジティブ思考、決断が早い、嫉妬の感情がない、人を応援する、リスクをとる勇気がある、感情をコントロールできる(滅多に怒らない)、セルフイメージが高い(自信に満ち溢れている)、呼吸が乱れない（冷静沈着）、ユーモアのセンスがある（冗談が好き）、継続力がある（諦めない）、常識にとらわれない（発想がユニーク）、群れない、ブレない（自分の意見を持っており安易に同調しない）、コミットレベルが高い（やると決めたらとことんやる）、物事をハッキリと言う（ごまかさない）、厳しいが愛がある、相手が誰であろうと公平に接する、美と健康に対する意識が非常に強い、実年齢より若くエネルギッシュ……ざっと挙げてこんなところでしょうか？

本書では先に述べた一流の人の資質を中心に、自分自身の体験を交えながら実際に交流のあるお金持ちたちが、なぜそういう「行動」「習慣」「考え方」で生きているのかを解説しました。

これらを参考にあなたも一流の人を目指し、人生の夢を実現いただければ幸いです。

鳥居 祐一

MILLIONAIRE THINKING

一流の人はなぜ、そう考えるのか

目次

第1章　一流の人はなぜ、運を大切にするのか？

第2章

一流の人はなぜ、お金についての発想が人とは違うのか？

第3章

一流の人はなぜ、食と健康に関心があるのか？

第4章

一流の人はなぜ、外見にこだわるのか？

第5章 一流の人はなぜ、英語を学ぶのか？

第6章

一流の人はなぜ、旅に出るのか？

装丁――片岡忠彦

第1章

一流の人はなぜ、運を大切にするのか？

1 私が一流の人たちと出会えるまで

「はじめに」に書いたように、今では世界中の一流の方々と交流させてもらっていますが、もちろん最初からそうだったわけではありません。ほんの勇気ある第一歩がきっかけで、自分のステージを変えることができたのです。

本題に入る前に、まずはそんな私のストーリーを少しシェアさせてください。私は5歳から10歳までアメリカで育ちました。学生時代は日本で過ごし、大学卒業後は日本の企業に就職したものの、すぐに自分の人生に絶望してしまいました。

会社組織に馴染めず、上司との折り合いも悪くなり、部下や女子社員の前で毎日上司に怒られる……そんな日々が待っていたからです。会社に行くのが嫌でしょうがなくなり、次第に無口になり、出社拒否症に陥りました。社内は上司のご機嫌を取る人たちばかりで、人間的に魅力のある人は少なく、仲良くなりたいとも思いませんでした。

これが一般的な日本企業の体質というのであれば、私は明らかに向いていませんでした。

「自分の人生はこんなものではない！」と思いながらも、目の前のタスクに追われ、何も行動に移せない自分。それは上司という名の看守に管理され、まったく自由がない世界。まさに刑務所にいるのと変わらない状態でした。

ですが、不平不満を言っても何も好転しないことも分かっていましたので、まずはこの刑務所から出ることを考えました。私は確かに刑務所にいましたが、**囚人と違うところは手錠の鍵を持っていることでした**。じつはこの鍵、誰もが持っているのですがほとんどの人は使いません。

しかしこれ以上ここにいても貴重な人生を捨てているだけだと悟り、退職を決意。そしてもう人に管理されるのは嫌だったので、転職は考えませんでした。そう、私は鍵を使い、晴れて自由になったのです。今思えば、これが最高の決断でした。

そしてすぐになんの当てもなく人生をやり直すつもりでアメリカに旅立ちました。こう言うとカッコいいかもしれませんが、実際には日本社会からの現実逃避でした。

訪れたのはカリフォルニア州のアーバイン。学生時代にホームステイでお世話になった家に頼み込んで転がり込みました。アーバインは全米でも有数の富裕層が多く住む地域として知られています。そこに住む人々は単にお金を持っているだけではなく、**「ノーブレス・オブリージュ」（高貴なる犠牲）の精神**を持っており、奉仕活動にも力を入れていました。

私も週末に教会に通い、ボランティア活動を通じて、コミュニティーの中に溶け込むようになりました。そうした富裕層の方々とゴルフや食事を通じて、多くのことを学ぶ機会を得ることができたのです。

そうした中で、メンターからの紹介で幸運にもアンソニー・ロビンズの師匠であり、成功哲学の父であるジム・ローン氏と出会うことができました。彼との出会いで、私の考え方は大きく変わりました。

ジムからはたくさんのことを学びましたが、一つ選ぶとしたら

For things to change, you have to change. For things to get better, you have to get better.**「過去と他人は変えられない。だったら自分が良くなるしかない」**という一文です。

何もせずに世の中のほうから状況が良くなってくれることはない。であれば、自分が良い方向に変化するしかないと開き直れたのです。

私はそれまで「上司が悪い」「会社が悪い」「日本の社会システムが悪い」とうまくいかないことを他人のせいにしていました。当然、そんな考えですからすべてがうまくいきませんでした。しかしこの出会いをきっかけに他人に頼るのではなく、すべて自己責任で物事を考えるようになりました。

そう、あの日から**「言い訳の人生」と決別した**のです。以来、行動や考え方が変わり、その結果、私の人生は徐々に良いほうに転がり始めたのです。

そして何事もやらないよりはまずはやってみよう！　という気持ちで、「トライ&エラー」を繰り返しながら、今日まで仕事に取り組んできました。他人と自分を比較するのではなく、昨日よりも今日を成長させようと自分を磨き続けられたのは、アメリカでのこうした出会いが原点だったのです。

2 「運」をコントロールする

私はアメリカの億万長者たちに、「あなたの成功の要因はなんだったと思いますか?」と聞くことがあります。すると彼らの多くは、I was lucky. I was at the right place at the right time. と答えます。つまり**「自分は運が良かった。正しいときに正しい場所にいたからこそ成功できた」**と言うのです。

それは単に運を引き寄せたのではなく、「自ら運をつかみにいく」ような積極的な言葉のように聞こえます。つまり、彼らの言う運の定義とは**「最高の情報を最高のタイミングと、最高の環境、条件でつかみとれるかどうか」**と言えそうです。「情報」「時期」「環境」がすべて最高の状態で揃うことは滅多にありませんが、アンテナを張っているとそういうタイミングに遭遇することがあります。

そのように上手く噛み合ったときに思い切ってリスクを冒してつかみ取りに行くことで、一や二の努力で百の成果を得ることも可能になります。逆に、同じ情報でも受け取る時期や環境が悪ければ、百の努力をしても一か二の成果しか得られません。残念ながら世の中には間違ったタイミングで行動してしまい、苦労している人がたくさんいるのです。

では、「運」とはいったいどういうものなのでしょうか？

運とは「自分の願いを実現に導く目に見えないエネルギー」です。「運」はある程度、自分でコントロールできます。ですから彼らは「自分は絶対に運がいい！」と信じていますし、「運が良くなるにはどうすればいいか？」そして「何をすると運が悪くなるのか？」の理由も知っているのです。

運というのは目に見えない気の流れから発生し、潮の満ち引きのように上がったり下がったりします。多くの人は「運も実力のうちだよね」と言い、実際に一つの分野で結果を出された人は、だいたい運の要素を口にします。

彼らが総じて謙虚だということもあるのですが、「世の中には目に見えない力が働いている」ということも知っているのです。**洋の東西を問わず、億万長者の多くがスピリチャルと言われる所以《ゆえん》です**。その証拠にアメリカでは、富裕層の住宅地ほど、週末には多くの人が教会に祈りをささげに行きます。

では、常に運を良くするために、一流の人たちはどのように運をコントロールしているのでしょうか？

ここでは、それを考えてみたいと思います。**運の良い人とは、一般的に明るく楽観的でポジティブ思考です**。自ら進んで新しい経験を受け入れようとし、多くの人と会おうとする積極的な人です。その多くの出会いの中からチャンスを見つけ、大きな成功に結びつけています。御縁の合った人たちとの関係を大切にし、長期的なお付き合いをしようとします。多くの人は短期的に考えがちですが、この「長期的」というのがポイントです。

そして常に注意深くアンテナを張り巡らせているので、チャンスと感じたときの決断は早く、直感が冴えわたりどんどん前に進んでいきます。

一方、運の悪い人はどうかというと、ネガティブ思考なゆえに人間関係に恵まれない。いつも愚痴や不平不満を言っているので、周りからの応援やサポートが受けられず、せっかくのチャンスも成功に結びつけられない。古い習慣にしがみつき、新たなチャレンジには否定的なので無難な選択をしてしまう。うまくいかないことが他人や環境のせいだと思い、言い訳を考えてしまう。自分に自信がないので周りの意見に振り回され、なかなか決断ができず、せっかく来たチャンスをふいにしてしまう。

そして視野が狭く、考え方も硬直的なため、チャンスの出現率が同じでも気が付かないことが多いなど、負のスパイラルに入っているのです。

こうして比較してみると、運の良い人と悪い人というのは、「成功している人としていない人」の違いにも思えます。同じ出来事でも、行動や考え方次第でチャンスになる人とならない人がいます。

つまり運とは、**物事の考え方次第で引き寄せられるし、逆に取り逃してしまうこともある不思議なエネルギー**なのです。

3 「運」を味方につける、三つの人間関係

「運」と「実力」は明確に区別されるものであり、彼らは「運」とは自分の心がけ次第でコントロールできることも知っています。あなたがもし「運を良くしたい」と考えているのであれば、一番手っ取り早い方法としては、付き合う人を変えることです。

なぜなら「運」にかかわっているのは、人間関係であり、運を良くするには運のいい人と付き合うことだからです。

①自分より「年収が高い人」と付き合う
②自分より「運が良い人」と付き合う
③自分より「意識が高い人」と付き合う

一つ目は文字通り、自分より財力がある人と付き合うことであなたの財運が上がります。

二つ目は、あなたが「この人は運がいい」と思う相手と積極的に付き合うことです。そ

ういう人は必ずモデリングしたいところがあるはずで、彼らと時間を共有することで、あなたの運も上がっていきます。

三つ目は、心から尊敬できる相手と付き合うことです。尊敬していることで、あなたもその相手を目指そうとし、その行動を続けることであなたの活躍のステージも上がります。

運を味方につけると様々な良いことが起きます。まず素晴らしい出会いに次々と恵まれるようになります。それにより自分の実力以上の結果が出て、夢が実現しやすくなります。

そしてなにより、**運がいいというのは、自分はもちろん周りも幸せにすることができるのです。**だから億万長者たちは、運のいい人と付き合いたがるのです。

ちなみに私自身、『ユダヤ人大富豪の教え』(だいわ文庫)の著者である本田健さんとお付き合いさせていただいて8年になりますが、この間ありえないくらい運が上昇しました。健さんのおかげで出会いが大きく広がり、活躍のステージも上がり、それにつれてビジネスも拡大していったのです。

「運」を味方につけるためには、先ほどの三つの要素を持っている人と付き合うことが大切だとお伝えました。しかし問題は、その方々にとって、あなたが会うに値する魅力のある人間かどうかです。相手にとっても、この三つの人間関係になっていなければ（少なくとも相手がそう思ってくれなければ）、会って時間を共有することは難しいでしょう。

億万長者たちは時間に対してとてもシビアですから、時間の無駄になる意味のない会話は嫌いだからです。

そう思われないためにも**自分のスキルやエネルギーを高めることが大事**です。いきなり三つとも持つことは難しいでしょうが、自分が魅力的な人間だと感じてもらうために、その人たちに「情報」「気づき」「元気」のどれが与えられるかを考えましょう。

要は**どういった形で相手に貢献できるかを考える**のです。あなたのできる範囲の貢献とはなんですか？　まずはそこから考えてみましょう。

4
「事実」と「解釈」の違いを理解している

一流の人が常に意識している「事実」と「解釈」の違いについてお話ししましょう。

昔、友人のKさんとゴルフをご一緒した時のことです。

その方はプロ級（ハンデ3）の腕前の方です。舞台は205ヤード パー3。池が美しい、難ホールでした。Kさんはきれいなショットで見事ピン奥5mにナイスオン。私は思わず「ナイスオン！」と言ってしまいました。しかし本人は渋い顔で、ぼそっと「あそこだと狙えないのですよ」と言うのです。

ハンデ18の人にとっては、間違いなくナイスショットでしょう。でもハンデ3の人にとっては、それはミスショットかもしれないのです。人それぞれナイスショットの基準は違うのです。

このストーリーをシェアしたのは、物事を自分の価値基準で判断してはいけないということを知ってほしかったからです。物事には「事実」と「解釈（意見）」があります。事実は一つですが、解釈は無数です。**大事なことは多くの「解釈（意見）」ではなく、一つの「事実」にフォーカスすべきことなのです。**

「あの人の体重は100キロです」というのは「事実」。でも「あの人は太っています」というのは「解釈」です。同様に「あの人はゴルフのハンデが5です」というのは「事実」。でも「あの人はゴルフが上手です」というのは「解釈」です。

世の中のすべての事象は、自分の価値基準で物事を判断してはいけないのです。あなたにも「すごい人を紹介します」と言われ、「どんな人なんだろう？」と楽しみにしていたら、「たいした人ではなかった」という経験があるかと思います。

これは人によって「すごい人」の価値基準が違うからで、このケースも典型的な事実と解釈の違いから生まれる誤解です。常に「事実」だけにフォーカスをすることで、物事を大局的に見ることができます。すると意見が違っても不思議と相手に対して腹が立ちませんし、逆に「なるほど、こういう考えもあるのか！」と勉強にもなります。

そして自分の視野がどんどん広くなっていき、意見の相違も自然と受け入れられるようになります。

常にこの意見は「事実」なのか、それともこれはその人の「解釈」なのか、という視点でモノを見てみる。そして常に事実だけにフォーカスし、自分の目で見たものしか信じない癖を付ける。これを実践するだけで冷静な判断ができ、ミスが大幅に減るでしょう。

一流の人というのは、必ずこの「事実」と「解釈」の違いを理解しているから「ぶれない」のです。もしあなたが、この「事実」と「解釈」を間違って理解をしていたら、すぐに意識を変えてください。同様にあなたが常に「貢献」を意識していたとしても、一流の人たちには通じない可能性があるからです。

5 運を阻む人脈はリセットする

運の良い人と付き合うことは当然のことですが、逆もしかりです。ハッキリ言いますが、運の悪い人と付き合うことはやめましょう。

具体的には、**不平不満・愚痴・悪口・否定ばかり言っている人とは会ってはいけません**。もしあなたの周りにそういう人がいたら、すぐに断捨離し、人脈のリセットをしてください。日本人は人の評価を気にしてしまい、多くの人がこの人脈のリセットができずに苦しんでいるのを見かけます。

じつはモノと同じで、**人間関係も手放すことでより良いモノが手に入る**のです。

「人との別れは新たな出会いへの一歩」という考え方をすべきです。断捨離はモノだけではありません。冷たいようですが人も同じ。捨てることでより良いモノが手に入ると割り切るべきです。人脈はどんどんリセットし、新たな素晴らしい出会いを求めていきましょう！　求めていくと、不思議とより良いモノが手に入り運も上昇します。

私はこの「人脈のリセット」を、定期的にやるように勧めています。誤解のないように申しますが、これは「切る」ということではありません。無駄な時間を過ごさないためにも、**有益ではない人間関係をいったん整理し、ワクワクする会話ができる人とのクオリティータイムを過ごすようにする**ということです。

人は人生の中で多くの人と出会い、そして別れを繰り返します。もちろん会っていないというだけで友人関係が壊れているわけではありません。でも残念ながら、以前と同じ親しい関係が永遠に続くわけでもありません。実際に私もそういう人がたくさんいますし、あなたもきっといるはずです。

そう、人というのは、出会いがあれば、必ず別れもあるのです。だからこそ「人は基本的に去っていくもの」だと理解しておけば、残念に思いません。10年来の友人って意外と少ないのは、そういう理由からなのです。

ではなぜそういうことが起こるのでしょうか？　それは、**人はそれぞれ成長のスピードが違うから**です。目標をどんどん達成していく人、そうでない人。あるいはもがき苦しんで後退する人など様々です。そして人は時の経過とともに経験値が増すので、考え方も変わります。

そこで以前は「気が合うと思っていた」とか「尊敬できると思っていた」にもかかわらず、その心の変化により「ちょっとこの人は違うな」と感じるようになるのです。残念ですが、それはある意味、健全な成長でもあるのです。この人から学ぶことがなくなったと思えば、次の新しいことを教えてくれる人に会いに行けばいい。

基本的に**「来るもの拒まず、去る者追わず」で、深い追いはしなくていい**のです。

つい最近、まったく音信不通だった友人から連絡が来ました。また数年振りにセミナーに参加してくれた方もいれば、面談をお願いしたいという方もお見えになりました。1年以上ご無沙汰している方からの連絡は、ものすごく嬉しいものです。このように「疎遠と思っていた関係がまた復活する」ということも結構あるのです。

自分がどんどん成長し、進化していけば、その姿を見て相手のほうから歩み寄ってきます。もちろん来てくれれば大歓迎ですが、こちらからあえて連絡をすることはしません。

私はここ数年、年間３０００人以上の方と新規でお会いしています。ほとんどが名刺交換だけで終わってしまう関係ですが、それでも何名かが新規のお客様になり、やがて常連さんになってくれます。そんな彼らも卒業していきますが、それは仕方がないことなのです。

そう、人の心というのは変わるので、執着してはいけません。恋愛もそうですが、離れて行ったものを取り戻そうなんて考えずに、前向きに新しい出会いを求めてください。普段からこうしたスタンスでいれば、求めなくてもどんどんいろんな人と出会えます。そう、**人間関係は「自然体」が一番いい**のです。

「自分より力のある人に囲まれて過ごさないと人生は向上しない」とお話ししました。成功している一流の人たちの人的ネットワークは、半端ではありません。その業界のトップの情報を持っているのはもちろんのこと、他業界のトップたちとも交流があります。

彼らの人生の経験値は、一般人の何倍ものスピードで駆け抜けている感じです。成長が早い人は、とにかく好奇心がすごい。知らないことを知ろうとし、行ったことのない場所に行こうとし、やっていないことをやろうとします。

だからどんどん経験値が上がるから成長し、その結果「運」も上がるのです。

人脈のリセットをすべき人は、他にもいます。**「返報性の法則が働かない人」「自分は与えず相手から奪おうとする人」**も同様。こういう人とも距離を置かないとあなたの運が落ちます。運が悪い人は他人にも不運を移すので、自分が巻き込まれないようにしなければいけません。

だからこそ正しい人を注意深く選び、付き合わなければいけないのです。

あなたの大切な方は何を求めていますか？　その求めていることを自ら率先して与えてみましょう。まともな人なら、返報性の法則が必ず働きます。日頃からこういう心掛けで動いていると、やがていつかのタイミングで幸運の女神は微笑んでくれるでしょう。人生の充実度とは、「どういう人と時間を共有でき、どういう人と会話を楽しめるか？」で決まるのです。

じつはノウハウなんて必要ありません。重要なのは「Know who?」つまり誰を知っているかなんです。そしてその人とどれだけ親しい関係なのか？　これであなたの人生の質が決まると言っても過言ではありません。

夢泥棒と批判には負けない

そして、もう一つ必要な人脈のリセットがあります。あなたの活躍のステージが上がれば上がるほど、あなたの影響力が大きくなればなるほど、批判や誹謗・中傷する人が増えます。いわゆる「夢泥棒」たちが登場し、「そんな先に行かないで、一緒にぬるま湯に入っていようよ！」と耳元で囁きます。

あなたが次のステージに行きたいのであれば、その人たちとはいったん離れましょう。大丈夫、それぞれの階層にはそれぞれの住人がいます。次の階層にはもっと前向きな仲間がいます。おそらくそういう人との交流のほうが楽しいし、有益でしょう。**豊かなライフスタイルを送りたかったら、できるだけ上の階層の人と時間を共有せねばなりません。**

世の中はすべてピラミッドでできています。人間関係もしかり。下の階層の人たちの情報ソースはテレビや雑誌、同程度の仲間とのうわさ話です。しかし上に行けばいくほど、人との比較などの話題は減っていきます。そして「いかに自分たちが良くなるか」という話題にフォーカスを当てますから人のことはどうでもよくなってきます。

でもお互いに助け合う貢献の気持ちがあるので、応援力は下の階層よりも数倍あります。

上に行けば行くほど上質な会話を楽しめ、よりよい人生が待っているのは事実です。しかし注意点があります。上の世界の住人は、残念ながら下に降りてきてはくれません。**あなたが自分の足で上に登るしか道はないのです。**上の世界の住人の多くは、自分の力でその地位を築いた人たち。

彼らは現実の厳しさをよく知っているので、慰めもしませんし、甘い言葉も言いません。自分の力で這い上がってきた人だけを認めるのです。

成功していくと必ず批判を浴びます

あなたの活躍のステージが上がれば上がるほど、あなたの影響力が大きくなればなるほど、批判や誹謗・中傷する人が増えるという話をしました。非常に残念なことですが、特にネット社会では自分は安全な場所に身を置き、匿名で攻撃してくる輩が出てきます。でもこういう人はまず成功できませんし、幸せになれません。ですから気にしなくていいのです。

では批判に対しては、どう対処すればいいのでしょうか？

結論を言うと、**そういう声は一切無視してください**。同じ土俵に乗ってしまいますから、間違っても言い返してはいけません。それよりもどんどん困難にチャレンジし、高い目標を設定しクリアしていってください。成功事例をどんどん積み重ねて、最高に輝いている姿を見せつけるのです。

そうするとどうなると思います？　いつの間にかそういう批判的な輩は、あなたのもとから去っていきます。あなたのその輝いている姿を見て、多くの方が「カッコイイ！」ってファンになってくれます。そしてそういう肯定的な人のコミュニティーが拡大し、より深くよりいい関係が構築できます。その結果、**あなたの周りにはポジティブで一緒にいて楽しい人しかいなくなる**のです。

出る杭は打たれますが、それはほんの一瞬です。

でも多くの人がその一瞬でめげてしまうのです。これはじつにもったいない。出過ぎた杭は打たれなくなるし、尖《とが》れば尖るほど批判者は退散し、ファンがどんどん増えていきます。だからあなたも批判を気にせずにどんどん突っ走ってください。

そして批判する数倍の応援者が、あなたの周りにいるということを忘れないでください。アクセルを踏み、突っ走ることで運気は上がっていくのです。

6 あなたの運気を良くするためにすべきこと

運気を高めていけば、影響力のある人と出会え、運気を育てれば、彼らに認めてもらえるでしょう。なぜなら彼らは、運のいい人が好きだからです。人生を変えるためには、運気を高め、運気を育てることです。

そこで改めて、運のいい人の特徴とはどういうものか、一流の人たちを見て感じたことをシェアします。

①明るく社交性があり、人脈が広い
②インスピレーション（直観）がよく働く
③リスクを冒してチャンスをつかみにいく勇気と決断力がある
④変化を好み、流れが悪くなれば違う道を選択できる
⑤いつ悪いことが起きてもいいように、常に準備をしている

こうして並べてみて分かることは、前向きなだけでなく、良いことにも悪いことにもインスピレーションが働き、どちらに傾いてもベストな行動を起こせる人が運の強い、運の良い人だと言えるでしょう。ですが、今一流と呼ばれる人たちも、最初から何もせずに運が良かったわけではなく、彼らも自分の前を歩く一流の人たちに学んだはずです。

最後に、私が考える「運気が良くなる方法」を挙げておきたいと思います。

①瞬時に判断し、迷わない（迷っていると運が逃げる）
②貸しを作っておく（与える人は運気が上がる）
③諦めのいい人（しつこいと運は落ちる）
④変化を好む人（運の悪い人は変化を好まない）
⑤人をほめる人（人を批判する人は運が下がる）
⑥感謝・感動・感激する人（感謝は幸運の源）

7 「運」を下げる残念な資質

運気を良くする行動があるように、逆に運気を悪くする行動もあります。しかも、それはあなたが知らずによくしてしまっていることかもしれません。

「スイマセン！　予定が入って行けなくなりました！」

あなたもこのフレーズ、よく使っていませんか？　でもこれは気軽に使わないほうがいいです。なぜならそのたった一言で、あなたは大きなチャンスを失う可能性があるから。そして確実に運を下げるからです。

このセリフの意味することとは、**「あなたに会うよりも重要な案件があるので、私はそちらを選びました」**ということ。これを言われて気持ちのいい人はいません。

予定を入れたのは誰でしょう？　自分自身ですよね？

もっとハッキリ言うと、一流の人は常に「この人と付き合う価値はあるかな？」と試しています。ですから**気軽に断ると次はありません**。それはせっかく近づいてきた幸運の女神も遠ざけてしまう行為でもあります。ニコニコ笑顔の大富豪だからといって油断してはいけないのです。

彼らは温かいがクールであり、人を見る目は一般の人よりも数段厳しいと心得てください。ですから**価値ある人からのお誘いには、多少無理してでもなるべく「YES」か「はい!」か「了解しました!」の返事をするべきです**。

多くの人は次があると思っていて、気軽に「今回は行けなくなりました」とか「これに懲りずにまたお誘いくださいー」なんて言う人がいますが、それは考えが甘いです。最初のお誘いを断ったら次は絶対にないと思ってください。

世の中には、「行きたいけど◯◯で行けません」と言う人がじつに多いですね。でもその言葉は嘘なのです。「ではなぜ行かないのですか?」と聞かれて答えられるでしょうか?だって本当に「行きたい!」と思ったら、何も考えずに行けばいい。ただそれだけですよね。ですから、じつはその人は行きたくないのです。多くの人は「忙しい、忙しい」と言っていますが、「あなたは本当に忙しいのですか?」と問いたくなります。

それは単に時間の使い方が下手なだけではないでしょうか？　優先順位の付け方が間違っているのではないでしょうか？

ここに興味深いデータがあります。成功している人ほど二つ返事でＯＫの回答をくれ、そうでない人は「◯◯で忙しい」と言い訳をしながらお断りの返事をされます。

もっと具体的な数字を入れて解説すると、年収２０００万円以上の方は「行きます！」と即答し、年収２００～４００万円ほどの人が「忙しい、忙しい」と言っているのです。

前者と後者、いったいどちらが本当に忙しい人でしょうか？　どちらが時間当たりの単価が高いでしょうか？　後者の人は他でも同じような返事をしていると推測されます。

ですから御縁も極端に減るでしょう。そしてあとで盛り上がった写真をＳＮＳなどで見て「ああ、やっぱり行けばよかった！」と後悔するのです。

「誘われる」という行為は、相手があなたと親しくなりたいと思う第一歩であり、それはとても幸せなことなのです。お誘いを気軽にお断りしていると、誘われなくなるばかりか、運も確実に落ちます。

そしてたいていそういうお誘いには運気を上げてくれるいい出会いがあり、それがしばしばチャンスのきっかけとなるものです。

結局、**運というのは人との交流から発生するもの**だからです。

ここでもう一つ、人間関係の中で生まれる感情についてお話ししましょう。

あなたは友人の成功や幸せを素直に喜ぶことができますか？「なんだ、当たり前じゃないですか！」という声が聞こえてきそうですが、果たしてそう言い切れますか？

多くの人が、他人の成功を羨《うらや》み、それがときとして憎悪や憎しみに変わることは珍しくありません。じつはこの醜い感情は、誰しもが持っているものです。意外にも世間で一流と言われているような人でさえも持っているのには驚きます。

しかし超一流となると、この感情は一切ありません。人間の最も醜い感情が、妬み・ひがみ・やっかみといった嫉妬です。この感情を少しでも感じ取ったらその人から距離を置くことです。

私は、この嫉妬という感情がまったくと言っていいほどありません。

でも最初からそうだったかと言えば、違います。正直申しますと、つい数年前までは、自分も他人に対して人一倍の嫉妬心を持っていました。

特にサラリーマン時代は酷かったです。まさに嫉妬と憎悪の塊でした。

「なんで自分だけ部下の前で怒られるのだろう？」「なんで自分だけ海外出張に行かせてもらえないのだろう？」「なんで自分だけ誰もやりたがらない仕事を押し付けられるのだろう？」などなど。

この「なんで自分だけ？」という露骨な感情が、どんどん自分を苦しめていったのです。

そして上司や会社や環境を憎みましたが、「もうあんな惨めな思いは絶対にしたくない！」という執念が、今の自分を作ってくれました。だから人に管理されたくなかったので自分で自分を雇う経営者になり、やりたくない仕事は我慢してやらずに、お金を払って人にやってもらえばいいと考えるようにもなりました。

海外出張に行きたければ自分で行きたい場所に仕事を作り、好きなだけ行けばいい。だから自分はそうしました。好きなカリフォルニアを訪問できるように、この地でビジネスを展開し、年に10回近くもアメリカを訪問するようにし、こうして自分の人生を自らデザインしてきたのです。

あのとき学んだことは、他人は「何もない自分」には何もしてくれない。だからこそ自分で道を切り開き、自分がやりたいことができる環境を作ろうということです。そう思ってから依存と依頼を一切捨てました。

私は今でも「人が何かをしてくれる」という期待は、持たないようにしています。そう思うことで、相手が残念な結果を出してもガッカリしなくなります。でも相手がそれに甘んじ依存してくると、対等な立場での関係は成り立たなくなりますので、距離を置くようにしています。ジム・ローンから学んだ「正しい人と付き合いなさい」は、今でも自分の座右の銘です。

正しい人とは嫉妬心がまったくなく、あなたのことを心からケアしてくれる人。喜びも悲しみも共有してくれ助け合える、真の仲間なのです。

8 運を上げることは、与えること

弊社のイベントやセミナーは、なるべく多くの人に参加し交流してほしいので、出来るだけ安価で行うように心がけています。メルマガも無料で毎日配信していますが、毎朝1〜2時間、魂を込めて書いています。

残念ながら95%の読者は何も買いませんが、5%のファンは買ってくれます。その5%のおかげで、主催イベントは常に満席になってくれるわけです。

無料だからと言って手抜きをすることはないし、むしろ「絶対に喜んでいただける情報をお届けしよう！」と日々頑張って10年以上書き続けてきました。その結果たくさんのファンが生まれ、おかげさまで日本屈指のビジネスメルマガとして成長しました。

世の中には「正負の法則」が働いていますから、受け取ったものは、ある程度社会に還元していかないと運が落ちます。富は分かち合えば分かち合うほど増える。これは真理です。

お金を出して手に入れた情報でも、こうしてどんどん発信していけば、それ以上の情報があちこちから集まってきます。そう、情報とは発信すればするほど入ってくるものです。そうすると与えたけれど与えられるという結果になります。

人生を良くしたければ、社会にどんどん還元し、与えることです。信じるか信じないかは別として、世の中には見えない力が働いています。その力を日頃から「貯得残高」として貯金しておき、いざというときに使わせてもらうのです。それには普段から他者への貢献を念頭に置き、運を良くする環境を整えておくことです。

もらってばかりいて、他人に何も還元しなかったとしたら運は確実に落ちてしまいます。

Secret of living is giving.（人生の成功の秘訣は与えること）

これはアメリカの有名な格言です。自分自身が「与える人」となることはもちろんですが、「与える人」と付き合うことが運を引き寄せる重要なポイントです。

「与える人」は運のいい人であり、運のいい人の周りには、運のいい人が集まるという好

循環が生まれます。

なお、運についてもっと知りたい方は、分かりやすく解説している作品がありますのでご紹介します。本田健さんの『強運を味方につける49の言葉』（PHP文庫）です。健さん自身ももともとスピリチャルではなかったのですが、ご自身の人生がうまくいっている大きな理由として、運のいい生き方を実践していることを挙げています。

人生の9割は運で決まるという言葉通り、運のいい人と悪い人の違いを見極めることができれば幸運を引き寄せられるでしょう。良書ですので、興味のある人はぜひ手に取ってみてください。

第2章

一流の人はなぜ、お金についての発想が人とは違うのか？

9 最高の投資と、最低の投資

私はもともと富裕層マーケッターとしてデビューしました。

拙著『お金持ちにはなぜ、お金が集まるのか』（PHP文庫）は、主にアメリカの億万長者との交流から彼らの「お金の使い方」にフォーカスした作品です。

調査した結果、彼らはお金の稼ぎ方はもちろんですが、**「使い方が上手だったから莫大な資産ができた」**ということが分かりました。普段は質素で控え目ですが、ここぞというときにはダイナミックに使い人生を楽しんでいます。

彼らは**無駄なお金を使いません。**高級品も持ってはいるが、決して見せびらかしもしません。知的層ほどその傾向が強く、あらゆる場面で目立つことをしたがりません。

アメリカでは、質素な生活という意味で Low Key という言葉をよく使います。富裕層は、なるべくＩＲＳ（国税庁）の注目を引かないように日頃から注意しており、意外と地味な生活をしています。そして彼らはお金を使う厳格な基準を持っています。それは何かというとReasonabilityで日本語に訳すと**「経済合理性」**です。

この独自の価値基準をもとにモノを買う前に「これはリーゾナブルかどうか?」という判断をして買うかどうかを決めます。それにはそのもの本来の価値を知らねばなりません。でないと当然、それが高いか安いかの判断がつかないからです。

さらに一流の人は、常識にとらわれておらず、一般人と明らかに発想が違います。この章では、お金に対する彼らの独特で自由な発想について考えてみたいと思います。

「あなたにとってお金とはなんですか?」こう質問されたら、すぐに答えられるでしょうか?

私にとってのお金とは**「自由への切符であり、人生の楽しみを実現するツール」**です。

億万長者と一般人の豊かさの違いは、ズバリお金の使い方の差だと感じます。私は節約するよりも常々「お金を使って楽しいな!」と思える人生を送りたいと願っています。

ですから知らない世界への体験には積極的に使い、投資はしますが貯金には興味ありません。「これは面白そうだな!」と思ったら、もったいないなどと思わずにどんどん使うほうです。

ちなみにここでいう**投資とは株や不動産ではなく、学び・体験・人脈など目に見えないものを指します**。また自分の快楽や欲求に使うのではなく、**相手が感動することに使うこともすべて「生き金」と言われる正しいお金の使い方**です。

しかし多くの人は、お金を失う恐怖が脳にインプットされており、貯金ばかりして人生の果実を得ないまま生涯を閉じてしまっています。特に日本人に多い傾向ですが、じつにもったいないないと思います。

お金というのは、夢を実現するためのツールと割り切って考えることが、幸せへの第一歩です。「なくなると生きていけない」と考えるとお金の呪縛にとらわれて使えなくなります。このお金に対する恐怖があると、節約志向になり、必要最低限のものしか買わなくなります。そうなると人生がつまらなくなり、これでは人生の真の楽しみは得られません。

人生の醍醐味というのは、時間や空間・体験など衣食住関連以外の目に見えないものを買うことで得られるからです。

最低の投資とは貯金です。

特に若いときは学びと体験、そして人と会うことに積極的にお金を使うべきです。それでお金がなくなるかというとそんなことはありません。これは立派な「未来の時間を買って時間を早めていく」という未来への投資なのです。そういう意味では貯金というのは「時間を捨てる行為」という考えができます。

今日からあなたも無理やり目的を作って支出してみましょう。

私の周りにいる一流の人たちを見ていると、普段は質素な生活をしていても、ここぞというときには大胆に使います。彼らはお金を正しく使うことの重要性を知っており、貯める人よりも使う人に対して、金運は引き寄せられることも知っているからです。

一般の人は、お金を失うという恐怖が、使うことに対するブレーキがかかってしまっています。お金の難しいところは、「いくらあれば不安なく暮らせる」というリミットがないことです。なぜなら誰もが未来の予測はできないし、いつまで生きていられるかも分からないからです。

10 良い投資はお金の価値以上のものを引き寄せる

私は旅が好きなので、年に数回、クルーズ旅行など旅をテーマにした商品を企画します。そこで二通りの人種に出会います。

一つは「これ面白そうだな！」と感じて、**即断即決で申し込む人**です。そしてもう一つは、**「行けない理由を正当化し、行かないという選択をする人」**です。

もちろん人それぞれに事情がありますから、どちらがいい悪いということではありません。でもどちらが楽しい人生でしょうか？

前者は、「やりたいことはやり」、「やりたくないことはやらない」と自分で自分の人生をコントロールしている人たち。自分の生きたいように生きているので、ストレスが少ないでしょう。一方の後者は、行きたいけど行けない。なぜなら「こういう理由があるから」と行けないことを肯定しています。

「行けない理由」とは、仕事や家族などいろいろありますが、一番は圧倒的に「お金がない」という理由です。もちろん本人はそうは言いません。しかし本当におカネがないのかというと（もちろんそういう人もいるでしょうが）実際には、過去のトラウマから**「お金を失うことが恐怖になっている」という人が多い**ということも分かりました。

しかしそれにより、人からの誘いを断り続け、一人でこもるようになってしまうと有益な情報が得られなくなり、人生は本当につまらないものになってしまいます。日々いろんな人と会って自分の新しい可能性を模索する人のほうが、人生は圧倒的に明るく楽しくなるものです。

そしてこういう使い方をしていると、徐々に失う恐怖よりも稼ぐアイディアのほうが大きくなってきます。価値ある人と時間をともに過ごすことにより良い情報が手に入り、そこで使った金額よりもはるかに大きな収益を上げることができるようになります。逆にお金をまったく使わずに家でじっとしている人には、運はやってこないのです。

人と会うことにお金を躊躇なく使えるようになれば、あなたの人生は劇的に変わるでしょう。

じつはお金には「人生の選択肢を広げる」という重要な側面もあります。確かに「お金がなくても幸せになれる」という考え方もあります。しかしこの考えは間違いではありませんが、正しくもありません。なぜならお金があれば選択肢が増え、より幸せになれるのも事実だからです。それは何も「豪華な生活ができる」からということではありません。

お金があれば、愛する人をもっと喜ばせるための工夫ができます。お金があれば、自分の好奇心や向上心を満足させるような自己投資もできます。お金があれば、恵まれない人を幸福にできます。つまりお金があれば、人生の選択肢が増えるのです。

「あれもしたい、これもしたい、でもこれしかできない」という人生よりも「あれもできる、これもできる。でも今日はこれにしておこう」という人生のほうがどんなに楽しいことでしょう。このようにお金はないよりも、あったほうが幸福の機会が増えるのは当然のことなのです。

でもこれは、あくまでも「お金は使うもの」という前提があってのことです。お金持ちになっても、お金を貯めこむことや通帳の数字が増えていくことに喜びを感じている限り、この発想は出てこないでしょう。このような考えでは、いくらお金があっても幸せにはなれないし、いつまでたっても自分の夢を実現することは難しいのです。

そして節約・貯金ばかり精を出す人生を送っていると、長期的にはお金に見放されてしまい、寂しい人生を送ることになるでしょう。

なぜなら人はケチな人を好きになれないので人が寄って来なくなり、応援者や協力者がいなくなるからです。節約の精神も大事ですが、それぱかり考えていると機会損失が起き、人生はつまらなくなってしまいます。

大丈夫、富というのは無限大にあります。使えば社会に有効に還元されるし、その使った分以上にまた自分が稼げばいいという考え方に変えればいいのです。

そして、使って得た体験は、あなたの資産として永遠に残るので無駄になりません。あなたも今日から人生を楽しむために、積極的にお金を使ってみませんか?

11

遊べば遊ぶほど富が増える理由

あなたは「遊べば遊ぶほど富が増える」と聞くと、違和感を持ちますか？

しかしこれは事実です。この言葉は多くの成功者も言っているのですが、なぜでしょう？　あなたが活躍のステージを上げようと思ったら、一番早いのは影響力のある人に紹介や推薦をしてもらうこと。

つまりインフルエンサー（世間に大きな影響力を持つ人）に上のステージに引き上げてもらうことです。

じつは、紹介をお願いする人は多くても、紹介をしたくなる人は少ないのです。だからこそ、**「紹介をしたくなる人」「紹介してもらえる人」になることが重要**です。もっと分かりやすく言うと、「彼は私の自慢の友人です」と言ってもらえる自分になることです。

でもこれは、相手が感じることなので簡単ではありません。人脈作りとは「自分作り」と言われる所以です。そして考え方も**「どうしたら紹介してもらえるか？」ではなく、**

「どうしたら紹介してもらえる人間になれるか？」にフォーカスすることです。この違い、お分りでしょうか？

「自分が先に何を提供できるか？」「どういった形で貢献できるか」をしっかり考えられる人が「紹介してもらえる人の資質」と言えるでしょう。それにはプロとして自分のスキルを徹底的に磨くことです。

たとえ価値を提供したいと思っていても、肝心なその力がなければお役には立てません。他人に役立つ能力や技術があって初めて「この人はこの分野での第一人者です」という形で紹介されるのです。

影響力のある人というのは、多くの人が会いたがるので大変忙しい存在です。

「会っても自分になんのメリットもない」と思われる人を紹介されるのは、紹介される側にとっては迷惑な話。だからこそ、人の紹介や推薦というのは、気軽に受けてはいけないのです。

紹介しても相手に迷惑がかからないという確固たる自信がない限り、慎重に行わなければばなりません。

大事なことを言います。**じつは本当の人間関係というのは、交渉術やテクニックからは生まれません**。そういう打算的なつながりは、深く長い付き合いには発展しにくいのです。富裕層とお付き合いして感じることは、彼らはこういうアプローチに対して非常に敏感だということです。

では彼らと仲良くなるにはどうしたらいいでしょう?

それは**仕事抜きで、ゴルフや釣りに行ったり、BBQパーティーをしたりなど「遊びの時間」を共有すること**です。旅行に行くなんて最高でしょうね。実際にこの遊びの中でお互いに理解し合い、その結果、自然とビジネスの話に発展することが多いのです。

こうした遊びの中で、仲間として越えなければいけないハードルが自然と越えられ、それが徐々に強力な応援力となっていきます。遊びで築いた友情こそが、やがてあなたのビジネスの大きな力となってくれるのです。

12 一流が選ぶライフスタイル

人が経験しない非日常を味わうことこそが、あなたの人生の視野を広げ、引き出しをたくさん作ってくれます。それによりあなたは「話題豊富な面白い人間」になれるのです。特に成功者や億万長者は、楽しい人や面白い人に惹かれます。

「人生の楽しみは、衣食住以外のことにお金を使うことで得られる」

これは先にも述べましたが、まったくその通りです。ですから日本から飛び出していろいろな国や文化に触れることはあなたの財産になります。特に若いときに世界を見ることは価値があるので、私も多くの若者に「どんどん海外に行きなさい」と勧めています。

私の人生のロールモデルに、大橋巨泉さんがいます。彼は20年以上前、まだ絶頂期だったころにすべての番組を降板してリタイヤしました。「好きなゴルフも好きなだけやりたい」と言うのが引退の理由でした。そして夏はカナダ、冬はオーストラリアに移住し

Ideal life（究極の人生）を楽しんでいます。今はがんで闘病されていますが、まさに彼ほど多趣味で人生を謳歌している人も珍しいでしょう。

じつは私も彼の人生設計を参考にして、好き勝手なライフスタイルを送っています。私は仕事柄、個人面談をよくするのですが、**「あなたは、どういうライフスタイルを送りたいのですか？」**と必ず聞くようにしています。

なぜならこの質問は、目標設定する上でとても大切だからです。私の答えは「世界には素晴らしい景色がある。それを生きている元気な間に、最高の季節でできる限り見てみたい」という明快なものです。

ですから日本が一番寒い1・2月はタイなどの東南アジア、夏の蒸し暑い7・8月はヨーロッパやアメリカ本土で過ごす。そして日本が過ごしやすい4月5月と、そして10月と11月の4か月間は日本にいたいと考えています。

そうであれば「どうすればそれを実現できるのか？」を考えるのです。私はそういう生活ができるようにインターネットを使ったビジネスを構築し、それを仕組み化しました。

そう、ゴールから逆算して、それを可能にするには「どういうビジネスモデルがいいのか？」を考え、それで行きついたのが、今のコンサルティングビジネスです。多くの方が、最初にビジネスモデルを決めてしまうのですが、順番が逆なのです。

仕事の内容を決める前に、まずはどんなライフスタイルを目指したいのかを先に決めるのです。世界中でネットがつながらないところはありません。オンラインである程度完結できる仕組みを作れれば、私のように好きな場所で好きな仕事をできるようになります。今の時代、豪華客船の船内はもちろんのこと、アジアの僻地やアフリカのサバンナでもネットはつながりますのでご安心を。

じつは世の中にはこうした「ライフスタイルに応じた生き方」を実践している人がたくさんいますのでここで少しご紹介します。

私の住んでいるマンションには外国人が多く住んでいますが、その中にスカイマーク航空のパイロットをしているアメリカ人の友人がいます。自宅はカルフォルニアのレイクタホにあり、東京は単身赴任。以前は別のエアラインにいたのですが、現在2週間は日本の国内線に乗務し、２週間は家族の待つレイクタホに帰る生活をしています。給料は多少下がりましたが、集中して仕事をし、毎月2週間もの長期休暇が得られるこのフレックススタイルがお気に入りだと言います。

彼は夏にヨットやゴルフ、冬はスキーができるレイクタホに住み、好きなアウトドアスポーツをしながら人生を送るにはどうすればいいか？　と問いかけた結果が、異国の地でのスカイマークへの転職だったそうです。

このように理想の人生とは、まずは「どういうライフスタイルを送りたいのか？」という質問から始まります。彼は旅が好きだからパイロットになり、アウトドアスポーツが好きだからレイクタホを選び、そして家族との時間を大切にしたいからこのようなシフトで働けるスカイマークを選んだ。こういう考え方も大いにありだと思います。

13

韓国人から学ぶライフスタイルの考え方

私の第二の故郷は、南カリフォルニアのアーバインという街です。幼少のころに育ったのは東海岸のニューヨークですが、学生時代から過ごした南カリフォルニアのほうが断然好きです。

世界一の気候と豊かなライフスタイルに魅了され、かれこれ30年近くこの地を行ったり来たりしています。ここがなぜ素晴らしいかというと、湿度が低く1年で晴天の日が約300日と気候が圧倒的にいいからです。そして治安が良く、街の景観も美しいからです。その結果、全米中から人が押し寄せ、人口も増え続ける一方。その弊害として近年ではフリーウェイの渋滞も酷くなり、駐車場不足も深刻になってきました。

アーバインの隣町であるニューポートビーチは、全米でも一番金持ちが住んでいる住宅地として知られています。その一番大きな要因は学校区です。アーバインやニューポートビーチ、ラグーナ地区の学校区のレベルは9〜10と全米で最高水準です。ちなみにアメリカの不動産価格は、学校区と密接な関係があります。良い隣人が住んでいるので、良いコミュニティーができ、当然治安もいい。これらの地区では、鍵をかけない家もあるほど安心して住めるエリアです。

特に教育に関しては、アーバイン市は全米でトップクラス。優秀な先生が全米中から集まっていると評判です。公立校に行きながら最高レベルの授業を受けられるので、私立に行くことを考えたら、授業料だけでも不動産価格差がペイできる。だから富裕層は高級住宅街に住みたがるのです。もちろんそれだけではありませんが、それが大きな理由となっているのは事実です。

アーバイン市では、最近一つの問題が水面下で起こっています。それはこの地の素晴らしさを耳にし、韓国人が大量に移住してきていることです。私の母校であるカリフォルニア大学アーバイン校では、今や生徒の70％超はオリエンタルで、学校だけでなく住人もオリエンタルは完全にマジョリティー（多数派）です。その中でも中国系と韓国系が大半を占めており、逆に白人がマイノリティー（少数派）になっています。

この世界でも類を見ない素晴らしい気候に魅了された韓国人たちが、母国から大挙して押し寄せている。それ自体は問題がないのですが、彼らはじつはアーバイン市に納税をしていません。御主人をソウルに残し、ワンミリオンのキャッシュを持って母親と子供だけが、この地の高級住宅を購入して住んでいるのです。

つまり彼らは、**世界で最も素晴らしい気候と最高レベルの教育を無料で手に入れています**。これはある種、とても賢い考え方だと思います。

カリフォルニア州の税金は決して安くはありません。

あのトヨタでさえも、高い法人税がネックでテキサスに移転したほどです。ですから白人たちからクレームが出るのも無理はないのです。しかし今やアーバインの市長までも韓国人で、コミュニティーも医者から弁護士からありとあらゆる職種のサービスを韓国人が行っています。

だから韓国語しか話せない人も多く、見えないところで地元住民との摩擦も起きているのです。

彼らのすごいところは、単なる不動産を買うということでなく、**「ライフスタイルを買う」**という発想を持っているところです。つまり不動産投資ではなく、究極のライフスタイルへの投資です。

韓国人に比べ、日本人の居住者は30年前からほとんど増えていないどころか、駐在員は逆に減っています。賛否はあるにせよ、私たちは韓国人の生き方や考え方に学ぶべきところは多い気がします。

14

望むライフスタイルのためには、手段を選ばない

もう10年以上前の話ですが、「どうしてもアメリカ西海岸に住みたいんです！」という人が面談にお見えになりました。理由を聞くと、「とにかくあの気候とライフスタイルが大好きなんです！　どうしたら実現できますか？」という相談でした。グリーンカードを持たない非居住者が、合法的にアメリカに住むのは決して簡単ではありません。まずは就労ビザが必要で、当時スポンサーをつけずに一番ハードルが低いのは、専門的な職業に携わる外国人向けの「H1ビザ」でした。

「あなた、本当にアメリカに住みたいのですか？」と再度確認したところ、彼の意志は硬かったので、私は少し考えて「では、寿司職人になったらどうですか？」とアドバイスしました。冗談ではなく本気で言ったのです。

当時は日本の伝統文化を伝える寿司職人なら、「H1ビザ」が下りる可能性が高かったからです。彼はまったく予想をしていなかったアドバイスだったので、戸惑った様子でし

た。でもどうしてもアメリカに行きたかったので決断したのです。

目的のためには手段を選ばずの行動でしたが、その結果どうなったと思いますか？　2年ほどは現場で握りましたが、やがて念願の自分の店を持つことになりました。そして店を次々にオープンし、今や5店舗のオーナー。彼は当初の夢を実現し、もう現場では握っていません。立派な経営者となり、南カリフォルニアで悠々自適な暮らしをしています。

もちろん最初は寿司など握りたくなかったでしょう。しかし長い人生の一時、やりたくないことも夢実現のためには必要だと思ったと言います。「どうしても成し遂げたい！」というこのあくなき執念こそが、不可能を可能にさせたのです。**その執念を引き出すためには「なぜそこまでやる必要があるのか？」という強い理由が必要です。**

これが英語でいうところの Big WHY ? であり Compelling reason（絶対にやらなければいけない強い理由）なのです。

あなたは「なぜそれをやりたいのですか？」この明確な理由こそが、成功へのモチベーションとなります。一流の人はこれが明確に定まっているから、次々と目標を達成していくのです。

15 ノマド的生活と仕事のやり方

一流の人の行動範囲は広く、年間の移動距離も半端ではありません。

一方のそうでない人たちの多くは、会社と家の往復で極めて狭い範囲で活動しているように思えます。そしてその移動距離の差が、そのまま経験値や経済力の差となっている気がします。**人間は場所を変えることで、脳に刺激が加わり、斬新な発想が出てきます**。ですから私は定期的に海外にも行きますし、国内の出張も入れます。ここ数年は大阪・名古屋・福岡・札幌でセミナーやグループコンサル、個人面談を行っています。

さて移動をいとわないノマド的な生活の第一歩は、場所が変わってもいつもと同じスタイルで仕事ができる環境を作ることです。まず**一番してほしいのは、家にいるときもパソコンをデスクトップからノート型に代えること**です。

私も以前は、大型画面の方が見やすいので、オフィスで仕事をするときはデスクトップを使用していました。しかし、出張時に普段使い慣れないノートを使うのに一苦労し、作業効率が著しく落ちることが分かりました。仕事道具であるパソコンは外出中も出張中も同じものを使うことが、ノマド的な生活を送るための基本なのです。

そのためにはスペックはもちろんですが、軽量で駆動時間の長いバッテリーを搭載したモデルを選びましょう。

ノマド的生活ができるようになると、仕事の選び方の視野も広がります。「好きなことを仕事にしなさい」という言葉はよく耳にします。確かにそうできたら最高なのですが、実際にできている人はほんの一握りでしょう。ましてやサラリーマンとなるとその率は5％以下ではないでしょうか？

勤め人の場合は、ほとんどの人が生活のために仕事をしていますから好きなことを仕事にするというのは理想論に聞こえ、無理があるように思えます。私はそれよりも**「仕事と遊びの垣根を限りなく低くする」という考え方の方が健全**だと思います。ですから3週間の好奇心を満たす旅に出ても、仕入れを山ほどしてきます。

旅という経験を通じ情報を発信しているので、それはそのまま私の仕事にもつながるのです。「好きか嫌いか？」「ワクワクするかしないか？」「やりたいかやりたくないか？」私はこの直感ですべてを決めており、あなたにもぜひそうしてほしいと思います。

16 断捨離のススメ

一流の人は、モノが少ないです。家の中も机の上も必要最低限のモノしか置いてありません。「部屋の乱れは心の乱れ」とは良く言ったもの。とても的を射ていると思います。机の上が乱雑だと、どこに何を置いたか分からなくなり、探しものに時間が取られてしまいます。「あれ、どこに置いたっけ?」と探しものほど時間の無駄を感じることはありません。

私も机の上をきれいにしてから、時間を大幅に節約できるようになりました。そしてモノの少なさは旅をするときに顕著に現われます。できる人というのは、3日ほどの出張なら機内手荷物だけで済ませます。彼らは、整理整頓能力に優れ、モノを捨てることに躊躇しません。確かに私たち日本人は小さいころに親から「モノを大切にしなさい」と教えられてきました。

でも大切にするという意味を勘違いし、なかなか捨てることができなくなっています。実際に私自身も長年、ガラクタを捨てることができずに苦労していました。

これも本田健さんに教えていただいたのですが、**「捨てる」ということは大切にしないと言う意味ではなく、ときには捨てることで「より大切にする」ことができる**と言うのです。「捨てる」と言う言葉に違和感があるのなら「手放す」と言い換えたほうがわかりやすいでしょう。人もモノもあえて手放すことにより、より良いモノが得られるのです。ですから断捨離は絶えずすべきなのです。また余計なモノを取っておくことで、本当に大事なものが埋もれてしまうのも問題です。

この教えは自分にとって斬新で目から鱗でした。以来、もったいないと思いながらも着ない服やスーツはどんどん捨てるようになりました。私の場合は、ダイエットで体型もだいぶ変わったのでちょうどいいタイミングでもありました。その中には高級スーツも何着もありましたが、どちらにしろ、着ないモノを置いておいても風通しが悪くなるだけです。思い切って捨てることにより、スッキリしました。

そう、ほしくなったらまた買えばいいのです。一流の人というのは、常にモノを少なくし身軽にしているのです。あなたも今日から余計なモノは捨てませんか？

17

群れない・ブレない・不義理をしない

一流の人は「群れない・ブレない・不義理をしない」という傾向があります。つまり自分の確固たる信念や哲学を持って生きているということです。

一般的な日本人は連帯意識が強いので、自分の意見を持たずに周囲に流されやすい人が多いようですが、一流の人は違います。**物事の両面を見極め、それが本当に真実かどうかも自分で調べます**。安易にブレないということはとても大事で、これが信頼感につながっているのです。

また、本人の自覚がないところで不義理をしたり、もっと言うと恩を仇で返している人もいます。何かを依頼しても目的が達成されると音沙汰がなくなることも珍しくありません。これは物事を短期的に見ている証拠です。そしてそういう人は困ったときになるとまたお願い事をしてきます。何かしてあげても、その後音沙汰がなかったら二度と手を差し伸べることはないでしょう。

当たり前ですが、これでは良好な人間関係が育まれるわけがないのです。

良い人間関係とはそういうものではありません。**一流の人ほど人間関係を長期的に考えています。そして受けた恩は忘れませんし、逆に助けたことも忘れません。**彼らは一見優しそうに見えますが、心の中で人を厳しく選別しています。

日本の言葉に「情に厚く、義理堅い」というのがあるように、恩を忘れないで感謝の気持ちで接してくれる人は愛され、結果的に多くの人に応援されるのです。

18

嫌われることを恐れない

多くの人は全員に好かれようとします。結論を先に言いますと、それは絶対に無理なのでやめましょう。人間が100人いたら100通りの考えがあり、残念ながら本当に気が合う人というのはあなたが思うほど多くありません。

しかし「嫌われたくない」という思いが強いと八方美人になってしまい、自分らしさを失い、やがて疲弊します。もしあなたが売り上げを伸ばしブランドを立てないのなら、思い切り尖ってわが道を貫いてください。なぜなら八方美人的生き方ではその他大勢の中に埋もれてしまい、熱狂的なファンができないからです。

それよりも尖った「一方美人」を目指してください。

リスクを取らない無難な生き方には、誰も魅力を感じません。そして無難な人というのは、嫌われもしませんが、同時にファンにもなってもらえません。無難な人は何も買ってもらえませんから当然売り上げも上がりません。逆に「自分はこういう人間なのだ!」と周囲にアピールし、そこに共感してくれた人とだけ付き合えばいいのです。ファン作りとはそこから始まるのです。

人間は初対面で「この人、苦手だな」と感じてしまったら、努力してもいい関係になることは難しいでしょう。我慢して付き合うのはストレスになるし、好きでもない人とは、何をやっても魂がこもらないし頑張れないでしょう。

であれば無理して嫌いな人と合わせる必要はないのです。あなたらしさがなくなり、偽りの自分を演じていては、決してあなたのビジネスを応援してくれるファンはできません。このように私は90％の人に嫌われてもいいから、10％のファンを作ることにフォーカスしており、人にもそうアドバイスしています。

一流の人ほど周りの評価は気にしません。だからファンだけに時間と愛を注ぎ貢献するのです。あなたらしさを常に発信していけば、必ずあなたの生き方に賛同してくれる人が現れ、やがて彼らはあなたファンになってくれます。

余談ですが、「鳥居さんのコミュニティーは本当にいい人が集まっていますね！」とよく言われます。これは自分がほめられるよりも嬉しい言葉で、大変誇りに思います。そう、私の周りは本当にいい人しか集まって来ないので、すごく人間関係に恵まれていると感謝しています。

その一つの大きな理由は、私のメルマガやブログを読んで私の人生哲学を理解してから会いに来てくれるからです。顧客の大半が読者のため、自分がそのようなメッセージを発信し続けていけば、おのずと与える人だけが残り、奪おうとする人は消えていきます。

「求めよ、さらば与えられん」という言葉があります。だから求めていいのです。でも求めたらお返しも忘れてはいけません。一般的な日本人は求めるのが下手であり、受け取るのはもっと下手だと思います。だから一人で抱え込んで、疲弊してしまう人をよく見かけます。**応援してほしいときはハッキリと「応援してください！」と言っていいのです。**

だから私も応援してほしいときは、メルマガで声をかけることがあります。こういうときって人の温かさを感じると同時に世間の厳しさも感じます。でも誰が本当の応援者か分かる絶好の機会でもあります。

私の周りには「YES」と即答する人が多いです。もちろんそういう人が好きだから、そういう人とだけ意識してお付き合いするようにしています。なぜならたいしたことがないのにそこでうじうじ考える人とは、人生のテンポが違うからです。決断の早い仲間といるほうが楽しく、リズム感があるのでストレスが少ないのです。

「あなたが悲しいとき、ともに泣いてくれる人は真の友ではない。あなたが嬉しいとき、ともに喜んでくれる人こそが真の友である」

他人がつらいときは優越感を感じることもできるし、なぐさめることによっていい人ぶることもできる。だから他人が不幸なときは心地よく感じ、他人が幸せなときには、嫉妬を感じる。これは残念ながら人間の真理でもあります。しかしこういう精神状態では、ステージアップはできません。

「正しい人」の定義は、ジェラシーがまったくない人であり、あなたを心の底から応援し、喜びを自分のこと以上に表現できる人です。一流の人は八方美人で群れることもなく、人の言葉や行動でブレることもなく、うわさ話や嫉妬の感情に同調することもありません。あなたも早くそのステージへ上がってください。

第3章

一流の人はなぜ、食と健康に関心があるのか？

19

健康には惜しみなく投資する

健康がすべてとは言いませんが、健康を失うとすべてを失います。私はかねてから人生の成功の基本は、心身ともに「健康である」ことが最低条件だと思っています。ですから愛や貢献や自己実現よりも「健康である」ことの優先順位を高くすべきだと感じています。そして時間単価の高い人ほど、時間とお金の両方を健康への投資に充てているということもわかりました。

たとえば、**参加費が数千ドルもする海外の高額な成功哲学セミナーの多くは、コンディションづくりや食の重要性についてかなりの時間を費やしています**。また欧米の富裕層の友人たちも肥満体系の人はほとんどおらず、多くは食に関して異常なほどの関心を示しています。

世の中には、病気になったら病院に行けば治ると思っている人が大半です。現代医学の実態を知っている人ならこの考えが間違っていることをご存知でしょう。そう、これからは**「いかに病院に行かない人生を送るか」**というテーマが大変重要であり、病気になってからでは遅いのです。
私の周りの一流の成功者たちは、このテーマを最優先課題として考え実践しています。

炭酸泉でもたらされる健康とアンチエイジング

私は健康に関して相当な額を投資してきました。

今まで一番高い買い物は酸素カプセルですが、これは新車一台分くらいしますので一般的ではありません。最高の買い物といえば**「人工炭酸泉装置」**で、こちらは酸素カプセルの10分の1以下の値段で購入可能です。

人工炭酸泉とは、**お湯に炭酸ガスを溶かした温水**です。

炭酸ガスが皮膚から体内に入り込むと、血液の流れる量が2倍に増え、動脈硬化や心筋梗塞などのリスクをかなり軽減できます。また血管が拡張し血行がよくなるので、肩こりや腰痛も緩和されます。筋肉の疲労物質である乳酸を体外に排出し、疲労回復も促進させる効果もあります。

最近は街の銭湯にも導入しているところがあり、看板には炭酸泉に1日5分入るだけで寿命が20％伸びると書いてあります。

医者も製薬会社も恐れるほどの医学的根拠があるため、残念ながら医師・製薬業界など様々な団体からの圧力もあり、いまだこんな素晴らしい商品が普及してないのです。なぜこの話を最初にしたかというと、特に健康と食育などの予防医学の世界では、大きな利権が絡んでいるので本当に良い情報というのはテレビや雑誌ではあまり紹介されないからです。

ただありがたいことにSNSの普及により、今まで表に出てこなかった事実も一般レベルで知れるようになりました。炭酸泉については、今後もっと日本国内でも広がっていくでしょう。

20 「食」の重要性

世界の一流と呼ばれる人たちの一番の関心事は、アンチエイジングであることをご存知ですか？

その次に教育、そして節税を中心とした資産防衛、セキュリティーと続きます。

アンチエイジングは外科的な処方ではなく、もっぱら**「食への関心」**です。どんなに運動をして規則正しい生活をしていたとしても、間違った食生活をしていては健康寿命を延ばせないからです。

特に今の日本を取り巻く食の環境は酷い状況で、この食育の知識なくして健康的な生活を維持することは不可能と言っても過言ではないでしょう。

児童養護施設訪問から学ぶ、食の因果関係

本題に入る前に、まず初めに私が食育に関心を持つきっかけとなったストーリーをシェ

アさせてください。

私はＮＰＯ法人キッズ・ドリーム・パートナーズ理事長の山本敏幸先生のご縁で児童養護施設を訪問するようになりました。現在、私もこちらの理事をしており、山本先生と活動を共にさせていただいています。


児童養護施設は昔でいう「孤児院」です。私にとって孤児院とは、親のいないかわいそうな子供たちが集まる施設という、痛みが伴うキーワードでした。それは保護者のいない児童の他にも虐待や、親の行方不明や死亡、離婚や経済的理由などの様々な理由で家庭での養育が困難な子供を入所させ、養護し自立を支援する施設です。

しかし、近年は虐待を理由に入所するケースの割合が急増し、あまり知られていませんが大きな社会問題になっています。全国にはこういった施設が６００以上もあり、現在３万人以上の児童が入所しています。しかし驚くべきことに、全国の児童養護施設にいる子供の90％は親がちゃんといるのです。実の親が我が子を虐待しているから行政が無理やり引き離し、子供の命を救うために施設で守っているというのが実情なのです。

あなたは自分のカワイイ子供を虐待するなんて信じられますか？　しかし残念ながら今

の日本では、現実にこういうことが起きているのです。

親がキレやすくなってしまい子供を虐待する原因は、ズバリ砂糖や添加物などの過剰摂取。

つまり**食事改善をすれば肉体だけではなく、心の病も改善できる**と言われています。こういう現実を知るにつれ、私たちがおかしくなってしまった一因に、間違った食育があるという事実を知ってほしいと真剣に考えるようになりました。

児童虐待や育児放棄は、夫婦のストレスや貧困が主たる原因ですが「食事の間違い」も大きな要因です。

なぜなら、食物が血液を作り、血液が60兆個の細胞を作り、身体と心を作っているから。すべての原因は食にあると考えられるのです。食品添加物や農薬や化学物質が、身体と心を破壊しているので、児童虐待や育児放棄は、食を変えることで減らすことができるのです。

この山本先生の考えに私は心から賛同し、以来、食育について真剣に学ぶようになりました。子供を育てるのは大人ですが、まず大人が健全な食生活で健全な精神を養わないことには、健全な子育てはできません。私にとって養護施設訪問はライフワークでもありますが、本当に望むのは養護施設自体がなくなることです。

本章ではこの食育について、私が学んだことを最大限にお伝えしたいと思います。またここに書いたことは、すでに**世界の富裕層たちが実践していること**でもあります。

21

父親の死から学んだこと

もう一つ、食について真剣に学んだきっかけに父親の死があります。私の父は医者でしたが、66歳のときにがんで亡くなりました。

父が亡くなってから、自分なりに生と死について考えました。がんに関する文献は相当読み、多くの専門医にもヒアリングしました。結論から申しますと、抗がん剤治療はやるべきではないと思います。

なぜなら多少の延命措置にはなるかもしれませんが、人体にはかなりのダメージを与え、患者自身が苦しみ痛い思いをするからです。

抗がん剤治療の怖いところは、見舞いに行くたびに進行していることです。父親は3か月の入院生活で天国に旅立ちましたが、最後の1か月は完全に植物人間状態でした。もし自分ががんを宣告されたら、抗がん剤治療を拒否し、がんとともに共生し自然治癒力を高める治療を選択します。

西洋医学の基本は、薬を投与することです。**薬は病気を一時的に抑えてくれますが、身体を健康にはしてくれません。大事なことは、私たちが本来持っている自然治癒力を再生し、免疫力を上げて健康体になることです。**ハーブや漢方、各種健康食品の哲学は、すべて東洋医学から継承されていると言われています。「どちらが体にいいか？」は言うまでもありません。薬事法に引っかかるので大きな声では言えませんが、実際に健康食品でがんが消えた事例はたくさんあります。

しかしこういった事実に目をつむり、がん患者を既定のレールに乗せてしまう医師たち。そのレールに乗ってしまったら、最後はホスピスに入り、死を待つだけです。

では、どうしてこういうことが起きるのでしょうか？　その背景には、この世界には大きな利権が絡んでおり、医師や病院が製薬業界や政治家と癒着している現実があるからです。またマスコミも本当のことは書きませんし、報道もしません。このように正しい情報が報道されていないことは世の中にはたくさんあるのです。

病気と食の関係性

いかに現代人の食がおかしなことになっているか？　商業主義でモラルのない食品会社がどれほど人体に害を及ぼす製品を製造しているか？

食に関しては、勉強すればするほど怖くなります。がんは生活習慣病であり、予防可能な病気なのにもかかわらず、増加しているのは理由があります。

万一、がんになったら手術すればいいと安易に考えるのは、とんでもない間違い。がんは発病までに時間がかかるので、初期症状が感じられません。それゆえ発見したときは手遅れになることが多いのです。

日本は世界の中でも最も多くの最新医療機器を導入していますし、医療技術も格段に進歩しています。それでも一度がん治療のレールに乗ってしまうと、元気で退院することは非常に難しいのが現状です。

さらにがん治療には高額な治療費負担を強いられます。この負担は、低所得層にとって

「自殺」という悲劇を生んでおり、社会問題にもなっています。

戦前は結核が一番の死因で、がんでの死は極めて少なかったのです。なぜそうなったのでしょう？

それは、**現代人はバランスの取れた日本人にあった食事をしていないから**です。日本人は本来、穀物や野菜を主食としていました。しかしここ40年で欧米から入ってきた食スタイルの影響で、動物性食品を好んで食べるようになりました。ストレスや運動不足も病気の原因ですが、最も大きな要因は現代人の食生活なのです。

たとえば一つの問題として、ビタミン・ミネラル不足の食生活が挙げられますが、この原因は効率を重視した農業政策。**農薬の大量使用により見た目の美しさが優先され、それにより栄養価の低い作物が生産されています**。ちなみに、**日本の農薬使用料は、単位面積当たりは世界一**です。

また、白米、白パン、白砂糖など精白による栄養価の低下もあります。玄米は、ビタミンやミネラルが豊富なのに美味しくないという理由から、わざわざ栄養分を削り取ってしまっています。その結果、私たちは栄養のない白米を食べるようになってしまいました。

このように残念ながら戦後から日本の食生活は悪い方に大きく変わってしまいました。人間は本来、美味しいものを食べることが生き甲斐です。今のグルメブームは美味しいもの探しで「なんのために食べるのか？」という本質を忘れた社会現象と言えます。**人間は本来「食べるために生きる」のではなく、「生きるために食べる」べきなのです。**

日本の食生活は戦前のコメ中心の伝統的食事に変わり、パン・牛乳給食に始まる食の欧米化が進みました。これは敗戦国の宿命かもしれませんが、残念ながら我が国は、教育から食育まですべてアメリカにコントロールされてしまいました。

菜食離れが進み、脂質・動物性食品が増え、コレステロールや中性脂肪や動脈硬化が増加しています。加工食品や環境による有害物の体内摂取、ダイオキシンなどによる体内汚染の影響の深刻さ。これらはすべて悪玉活性酸素（フリーラジカル）によるがん細胞の増殖を招いています。

厳しい現状ばかりを伝えましたが、日本の食はそれだけ汚染されているという事実を知っていただきたいのです。**私たちの真の豊かさは、心身の健康状態で決まり、その決め手はズバリ何を食べるかなのです。**

22

食べてはいけないものを知る

食べること、食べるものを選ぶこと、どちらも大事なことですが、もう一つ大切なことがあります。それが、**「食べてはいけないもの」を知ること**です。食べたほうがいい食材の知識を身に付けるのではなく、食べてはいけない危険な食材についての知識を身に付けるほうが、より実践的です。

世の中には食べてはいけない有害な食品が五つありますが、なんだと思いますが？　少し考えてみてください。

答えは、**1．白砂糖（特に人工甘味料）　2．マーガリン　3．マヨネーズ　4．ショートニング　5．牛乳**　です。

本当はもっとあるのですが、基本的には、この五つです。

白砂糖は、「白いドラッグ」

まずは食べてはいけないもの1位の白砂糖について説明しましょう。

まず白砂糖はビタミンやミネラルがほとんどありません。それどころか体内の必要なカルシウムなどの栄養素を奪ってしまいます。

白砂糖には鬱《うつ》、疲労、めまい、貧血、頭痛、湿疹、脂肪肝、心疾患、呼吸器病、といった様々な症状を招く要因が含まれているとされています。一番の問題点は、白砂糖はがんにとって、格好のエサであるということです。また砂糖が好きな人は、精神的に不安定になりキレやすくなる原因とも言われています。

昨年、知人が肝臓がんにより55歳で亡くなりました。状況を聞いてもう長くないなと感じていましたので、亡くなる前に入院先にお見舞いに行きました。久しぶりにお会いするその顔はやせ細ってはいましたが、元気でたくさんお話できました。

しかし突如黄疸が発症し、およそ3か月後に亡くなりました。がんの原因を関係者にヒアリングしたところ、理由がハッキリ分かりました。それはやはり、砂糖の過剰摂取でした。

彼はその昔、体重が90キロ近くあったそうで、明らかに肥満体でした。食後には必ず、アイスクリームなどのスイーツを食べていたそうで、それが積もり積もって体を蝕んでいったのです。肥満自体、成人病のもとですし、体にとって良いことは何もありません。しかし白砂糖は、がんの格好のエサであるにもかかわらず、多くの食品に当たり前のように使われています。

すべてを排除することは難しいかもしれません。しかし、白砂糖は私たちの体にとってこれだけの悪さをする食品だということを、認識してほしいと思います。

50代からの炭水化物カットのススメ

白砂糖だけではありません。日本人が大好きなコメ、うどん、パスタなどの炭水化物にも糖質が含まれています。これらの炭水化物は体内で糖に変わる「間接糖」ですが、基本的に「炭水化物＝糖」と認識すべきです。食育を学び、メルマガで多くの方に食の情報発信をしている手前、私はここ数年、コンビニ食やカップ麺のたぐいは、一切食べなくなりました。

やはりこの年齢になると、食事の管理をきちんとしないと、健康を維持しながら痩せることは難しいからです。これも「痩せたい」という願望以上に、「健康寿命を延ばしたい」という目的のために実行しています。現実には主食がコメの日本に住んでいる以上、炭水化物を完全にやめるのは難しいですが、白いご飯は、寿司以外は食べませんし、うどんはかれこれ3年は食べていません。

ここで誤解してもらいたくないのは、若い人にとって「炭水化物」は重要なエネルギー源ですから、食べてもいいのです。**逆に40代までは、炭水化物は摂るべきでしょう。**しかし**50歳を過ぎてから炭水化物を摂り過ぎると、老化が加速されるので要注意**です。

若い世代にはエネルギーとなる炭水化物ですが、さほどエネルギーが必要なくなってくる50代以上の世代にとっては、余分な糖質だけが体に残ることになります。人間の身体は50歳を境に大きく変わると言われています。

ですから健康で長生きしたければ、年齢とともに食事の内容と量も変えていかないといけません。糖質よりも油のほうが悪いと思っている人も結構いるようですが、じつは糖質のほうが断然悪いのです。むしろいい油は積極的に摂るべきなのです。ですから糖質カットというのは減量のみならず、健康上も理にかなった健康法なのです。

マーガリンの恐怖

次に知っていただきたいのが、先ほど現代人が食べないようにしたい食べ物第2位のマーガリンです。バターは動物性オイルで、マーガリンは植物性。だからマーガリンのほうが身体にいいと思っている人もいるかもしれませんが、これはとんでもない間違いです。

なぜかというと、**マーガリンは「トランス脂肪酸」を含んでいる**からです。本来植物油というのは液体であり、熱に弱く酸化しやすいのが特徴です。そこで水素添加という方法で常温でも固形を保ち、腐りにくい状態にしたのがマーガリンです。製造過程で水素を添加すると、分子構造がいびつな、プラスチックに似た自然界に存在しない極めて体に悪い物質となります。

これがトランス脂肪酸の正体です。

トランス脂肪酸は、食品を長持ちさせる防腐剤のような腐敗しない油です。こういう添加物を大量に摂取すると肝臓や腎臓の負担が増し、代謝が悪くなります。

そして、老廃物や水分を排出しにくい体になります。その結果、分解や代謝に大量のエネルギーが必要となり、活性酸素も発生します。当然、ビタミンやミネラルも奪い、心臓病や糖尿病のリスクが高まります。そして**一番の害だと言われているのは脳にダメージを受けること**です。その理由は、脳の60％は脂質でできているからです。

アメリカの論文でも、トランス脂肪酸を多く摂っている高齢者は認知症になりやすいというデータが出ています。

残念ながらほとんどのコンビニ食（菓子パンや弁当）には、ショートニングが入っています。ショートニングも食用油の一つですが、大量のトランス脂肪酸が含まれています。

美味しいパンは誰もが好きでしょうが、よく考えたら、パンにはたっぷりのショートニングが含まれており、パンの原材料である小麦粉はほとんどがアメリカからの輸入です。これは収穫前の過程で大量の農薬を使用していますし、「ポスト・ハーベスト」という収穫後農薬を輸送するときにも船の中で使います。船便で届けられる間のカビや虫の被害を防ぐためです。

つまり私たちはカビも生えず、虫も食べないような農薬付けの小麦を食べているわけです。農薬を使って小麦を栽培し、殺虫剤を使って運送し、添加物をタップリ使って製造された食パン。そしてパンは同じ重さならご飯の1・5倍という高カロリーですから、これが私たちの身体に良いわけがないのです。ちなみに天然酵母の手作りのパンであれば、ここまで心配することはありません。

ですからどうしてもパンを食べたければ、スーパーやコンビニで売っている大手メーカーのモノよりも、個人が経営している近所のベーカリーで買うほうが安心できます。

体に負担をかける牛乳にも注意を

牛乳とは、もともとは牛の血液です。本来、子牛を育てるための乳なのに、人間も飲んでいるという不自然さに気がつかねばなりません。

牛乳に含まれるたんぱく質（カゼイン）は胃腸に過度な負担をかけ、消化気管でスムーズに処理できません。日本人の多くが牛乳を飲むとお腹がゆるくなる症状が起こるのは、このためです。

要は牛乳に含まれる毒素が人の血液を汚してしまうのです。他にも牛乳に含まれているリンは骨のカルシウムを溶かし、骨粗しょう症を招く原因になっています。私たちが普段、何気なく飲んでいる牛乳ですが、じつは色々と問題があるのです。

あなたが口にする野菜は、本物の野菜ですか？

あなたはスーパーやコンビニでカット野菜を買ったことがありますか？

お手軽なので独身者ではなくても、買っている人も多いかと思います。カット野菜とは、見た目は確かに野菜ですが、その場で野菜をカットし、袋詰めしたものではありません。どこかの工場で製造し、何時間かかけてお店に運ばれて、さらに売り場に並べられて何時間か経ったものを私たちは口にしているわけです。

カット野菜の問題点とは、その製造プロセスにあります。自分の家で同じように野菜をカットして、容器に入れて実験してみてください。時間が経つにつれ変色し、夏場なら嫌な匂いもしてくるはずです。

でもこれが野菜の自然な姿なのです。しかし、スーパーやコンビニのカット野菜は、いつも青々としてみずみずしい姿で並んでいます。どうしてかと疑問に思いませんか？　カット野菜とは、野菜を切ったあと、次亜塩素酸ナトリウムという消毒液や、塩素に何度も繰り返し漬けて殺菌します。

そして、そのままでは匂いを嗅いだだけで食べたら危ないと分かるので、その匂いを消すために何度も水で洗浄します。生野菜に含まれている栄養素は、ビタミンCをはじめ水溶性のものが多いので、殺菌剤液に漬けたり洗浄したりする間に大切な栄養素が流出してしまいます。洗浄を繰り返した野菜は当然栄養素もなくなり、味も薄くなってしまっています。

ちなみに、カット野菜メーカーのホームページでは、堂々と薬品使用について記載されています。こうした衝撃的な事実も私たちが賢く知り、食べない選択をすれば、自分たちの体にダメージを受けずに済むのです。野菜や果物を食べる主な目的は、酵素と食物繊維を摂るためですから、少々面倒でも自分でカットして食べないと意味がないことになります。**横着な人生は健康を害すのです。**

ここまで、食べてはいけないものを紹介してきました。栄養のないもの、栄養よりも害のあるものを、あなたはいつまで摂り続けますか？　日本にいる以上、トランス脂肪酸の恐怖から逃れることは不可能かもしれません。

しかしこういう知識を入れておくことで意識的に減らすことは可能ではないでしょうか。一流の人は常に活力のある生活を送るためにコンディションのことを考えています。その源は「食」にあるのです。

23 体に摂り入れておきたいものを知る

食べてはいけない食材を紹介したあとは、逆に体に摂り入れたい食材をシェアします。あなたもグリーン（緑黄色野菜）が体に良いことはご存知かと思いますが、グリーンの定義は野菜すべてではありません。

たとえば、ダイコンやニンジンの葉っぱは、土の中にある根っこなので正確にはグリーンとは定義しません。日本のスーパーでは捨てられているこの葉ですが、人体にとって最も大事な栄養素だと言われています。ちなみに米国のスーパーではニンジンなどは葉っぱ付きで売られています。

身体を弱アルカリ性に保つことの重要性

がんはいまだに不治の病と思われており、残念ながら環境と食生活により発生率は年々増えています。がんの発生リスクを抑えるには、栄養バランスもさることながらpH（ペーハー）バランスを弱アルカリ性に保つことが大事です。

そして**グリーンを食べずに体内を弱アルカリ性に保つことはほとんど不可能**なのです。たとえば、キュウリやスイカは90％水分ですが、身体が酸性になることを防いでくれる重要な役目があるのです。

アーモンドの脂肪含有率は70％ですが、対して豚肉は58％です。これを聞くと、アーモンドを食べると太ると思うかもしれませんが、そうではありません。アーモンドには優れた抗酸化作用があり、体内を弱アルカリ性にしてくれます。

一方の豚肉は、食べ過ぎると強い酸性の体質になってしまいます。基本的に、肉と呼ばれるたぐいのものは、多くが酸性になりやすいのです。ただし体内のpH度は食生活だけでなく、ストレスが増えれば酸性になり、リラックスできればアルカリ性になりやすいという特徴がありますので注意が必要です。

野菜を身体に摂り入れる重要性

その他にもグリーンを積極的に摂ると、食物繊維が効果的に摂取できることが挙げられます。

食物繊維は大腸の働きを正しくするために欠かせない、特に重要な栄養素です。基本的な働きは、スポンジのように悪いものを吸収し、体内に排出してくれる手助けをすること。米国ＦＤＡ（米国食品医療品局）の提唱する1日の食物繊維の摂取量は30ｇですが、平均的なアメリカ人の摂取量はその半分以下（10〜15ｇ）だそう。これが原因で老化が早まると言われています。ちなみにチンパンジーは生物学的にもＤＮＡ的にも最も人間に近い動物として知られていますが、彼らのがんの発生率はゼロ。その主な理由が、1日に３００ｇも食物繊維を摂っているからだそうです。

日本ではベジタリアン（以下ベジー）＝草食という弱々しいイメージがありますが、海外ではそうではありません。現在アメリカのベジー人口は約８００万人。さらには２０００〜３０００万人がベジタリアン系の食事を摂っていると言われています。そのうちの６割が女性で、富裕層ほど比率が高いというデータが出ているのも興味深いです。

レオナルド・ダビンチをはじめ、マハトマ・ガンジー、ダライ・ラマ、アインシュタイン、クリントン元大統領などは、皆ベジーです。ちなみにカール・ルイスなどオリンピックのメダリストやトップアスリートにも多いですね。

ベジーは医学的にも理にかなっており、血液をキレイにし、体内をアリカリ性にし、免疫力を高めます。

野菜を食べる最も大きなベネフィットは、活力が生まれ脳がすっきりすることです。あなたも経験があると思いますが、肉ばかり食べたあとは、脳が働きにくく怠惰になりがちです。しかし野菜でお腹が一杯になっても、ぐったりした感じはなく、内臓から体が軽くなり頭もスッキリするのが分かります。血液やエネルギーが他の臓器で消費されることなく、脳に酸素と血液が送られているのが感じられます。

分かりやすい例で言うと、野生動物の場合、一般的に草食動物は筋力と持久力があり、性格も穏やかで優しい目をしています。一方の肉食動物は、ライオンなどの猛獣を見ても分かるように怖い目をしており獰猛です。人間もやはり**肉ばっかり食べている人は、性格**

的に切れやすく暴力的になるようで、これは実際に医学的にも証明されています。

ただ「肉は体に良くないから食べるのをやめなさい」ではありません。やはり美味しいものを食べることは人間の強い欲望ですから、たまには良質な肉を食べるのもいいでしょう。ちなみに私はドライエイジング（熟成肉）のステーキが大好物です。アメリカ牛がまずいというのは嘘で、本当のおいしい店を知らないだけです。高級店はそれなりにいいお値段ですが、牧草で育てた質のいい牛を飼育している生産者から仕入れているので安心です。

また仲間との食事会には、焼肉やしゃぶしゃぶにも行きます。しかし、美味しいものを美味しくいただくためにも普段は節制し、内臓に負担をかけないような食生活を心がけています。ふだん自宅にいるときは、納豆やキムチ、豆腐といった発酵食品を中心に食べ、なるべく肉は食べないようにしています。

24

塩にまつわる恐い事実

あなたは、「アジシオ」などの化学調味料を使っていますか？

あれは塩化ナトリウムという人工的に作られた化学物質であり、単なる塩辛い白色の結晶です。このような**精製塩には、人間にとって必須なミネラルはまったく入っていません。**

そのため、精製塩の摂り過ぎは、病気のもとになる可能性が高いので、注意が必要です。1キロ100円程度の**安い塩は、白砂糖と同様に寿命を縮める毒**だと思ってください。

多くの人は塩分の取り過ぎは血圧を上げ、体に悪いと認識しています。現役の内科医でさえも、そう思っている方が多いのには驚きます。ですが、それは果たして本当でしょうか？

良質な塩というのは、人体にとって有益です。逆に減塩すると有害物質を解毒・排泄できなくなり、リンパと血液の流れが悪くなります。すると末端の脳細胞に栄養と酸素が送れないので、それが原因で今の日本は認知症やアルツハイマーが増え続けていると言われています。

また減塩すると腸内細菌の悪玉菌が殺せないので、食源病（生活習慣病）が増え続けているという事実も知る必要があります。

人は体内に海と同じ体液を持っています。天然塩は、海水を濃縮して水分を除き、海水に含まれている豊富なミネラルがそのまま残っている優れた食品です。天然の天日塩であれば、人体が欲している物質が多数含まれていますので、体に悪いどころか、ミネラルがしっかり摂れて非常に有益なのです。

ミネラルが不足すると、いくらビタミンや酵素を一生懸命摂っても十分な働きはしてくれません。しかし残念ながら、市販されている塩のほとんどが、ミネラルゼロの人工的に加工された精製塩なのです。

酵素には食物を消化分解して、栄養素を取り込む働きをする「消化酵素」と取り込んだ栄養をもとに細胞を作ったり、毒素を排出する「代謝酵素」があります。特に代謝酵素は、免疫や自然治癒力にも働きかけ、生命にとって重要な役割を担っています。このように生命活動において欠かせない存在である酵素ですが、これを支配しているのがミネラルなのです。この人体にとって大切なミネラルを一番効率よく摂取できるのが自然塩なのです。よく高血圧の原因は塩分の取り過ぎと言われていますが、これも迷信です。

マスコミの影響もあり、塩分は何かと悪者にされてきましたが、いい塩を選べば逆に健康になれるのです。


なお塩に関しては、ミネラルが68種類入っている「心と体にしみる塩」をおススメします。これは満潮時の海水を煮詰めずに、天日だけで濃縮して結晶化させ、さらに半年以上寝かせて自然エネルギーで作られた塩です。

山本先生をはじめ、フェイスブックで大人気の内海聡先生も推奨されており、1キロ1500円で誰でも購入可能です。

25

デトックス効果を高めるファスティング

ここまで摂るべきものと摂らないほうがいいものをシェアしてきました。しかし**その前にやるべきことは解毒**です。どんなにいい栄養を体内に取り入れても、腸が汚れていたり、肝機能が低下している状態では意味がありません。たとえて言うならば、汚れがたまった排水管は、まずはきれいに掃除しないと栄養はちゃんと吸収されないということです。

そのために有効なのが、**ファスティング（断食）**です。

私は健康寿命を延ばしたいので、不定期ですがファスティングを行っています。ファスティングで得られる効果は減量だけではありません。むしろそれは副産物です。まず内臓（特に消化器系）を休ませることができます。それにより**体内に蓄積された有害物質が排出され、肌も美しくなり、免疫力がアップするなど、良いことだらけ**です。そもそも私たちの体には、有害物質を無毒化して体外へ排出する解毒システムが備わっています。

しかし入ってくる有害物質の量が多くなればなるほど、それらを処理できなくなっていきます。処理できなくなった有害物質は、残念なことに主に体内の脂肪に蓄積されてしまいます。しかしファスティング中は、それら有害物質の侵入を防ぎます。

また摂取カロリー自体も激減するため、足りなくなったエネルギーを得ようと脂肪を分解し始めます。脂肪が分解されると、そこに蓄積されていた有害物質も遊離し、肝臓や腎臓を経由して体外へ排出されるのです。

現在、私たちの口にする加工食品のほとんどには、様々な保存料や添加物などの合成化合物が大量に含まれています。もちろん体に害を与えない基準はあるものの、私たちは知らず知らずに摂っており、長い間には相当な化学物質が体内に入っているのです。

食品だけではありません。車の排気ガスや工場から排出されるダイオキシンや環境ホルモンもあります。これらの有害物質が日常的に私たちの体に入り込んで蓄積され、健康を害しているのです。

これまでの健康法では、身体の不調の原因は、何かの栄養素が足りないという考えが中心でした。しかし体内に有害物がどんどんたまってしまう現代では、栄養を摂るよりもまずは有害物質を体外に排出することが先決です。

これがデトックスの基本的な考え方なのです。

26

1日1食のススメ

いきなりファスティングは無理という方には、**1日1食をおススメします**。私は、朝は酵素を摂るためにリンゴと人参を低速ミキサーで圧搾したフレッシュジュースを飲みます。毎日だと飽きますので、たまには手絞りの生オレンジジュースも飲みますが、基本的に市販されているジュースは飲みません。

昼は会食がない限り抜き、夕食は普通に食べています。つまり固形物は基本、1日1食にしています。これだけ気をつけていても、現実にはなかなか痩せることは難しいのです。ではなぜ、1日1食が身体に良いのか？

その理由は、消化には、フルマラソンを走ったくらいの莫大なエネルギーを必要とするからです。人間の体内には「酵素」があり、これはあらゆる生命活動のもととなります。酵素は、体内で1日に作られる量は決まっており、酵素を浪費しないことが、健康・長寿の秘訣なのです。そして、体内酵素の消化酵素と代謝酵素は、一方の消費が多いと、他方は少なくなります。消化作業に大量に酵素を使うと、代謝酵素が本来しなければならない役割を十分に果たせなくなります。

つまり、食べる量を少なくすればするほど、消化酵素の量は減り、その分、生命活動に使われる代謝酵素の量は多くなるのです。だから、消化酵素を無駄に使わないファスティングで生命が活性化するのです。


ここで面白い事例を一つ。長崎県の長崎ペンギン水族館で飼育されているペンギンたちは、平均寿命が20歳のところ、その2倍近くも長生きするそうです。その長生きの秘訣とは、1週間に1日エサを与えない断食日を設定するという独自の飼育方法。マウスなど数々の動物実験からも、摂取カロリーを30％少なくすると、寿命は50％伸び、老化に伴う病気も激減することが証明されています。美味しいものを食べることは快楽であり、人生の喜びです。

ですから食べるなとは言いません。でも食べ過ぎたな？　と思ったら、たまには内臓を休める日を設けてください。それが健康寿命を延ばす一番の秘訣なのです。

27

薬は病気を治すものではない

究極の健康法とは、食べないこと、体を冷やさないこと、そして「薬を飲まないこと」です。現在日本の薬局の数は、コンビニよりも多く世界第一位です。年間外来受診回数は約13回で、他国に比べて2～3倍多く、いまだに日本人の多くは、病気は薬や病院で治すものだと信じています。

私たちは少し風邪気味になると薬局や病院に行って薬をもらい、医者に言われた通りに薬を飲みます。しかし世の中に流通している医薬品の3分の2は、じつは化学物質。最初は効果がありますが、常習していると徐々に強い薬でないと反応しなくなります。

薬の主成分の何倍もある副作用が、人間の生まれながらに持つ自然治癒力をどんどん奪っていってしまうのです。

ほとんどの薬というのは、病気そのものを治しません。正確に言うと薬が効いている間だけ、その薬が症状を抑えているに過ぎないのです。本当にその症状を治すのは、じつは自分の体なのです。私はこの事実を知ってから極力、薬を飲まないようになりました。たとえば血圧が高い場合は、薬を飲むと確かに一時的に下がります。でも根本的な改善にはなっていないので、薬の効果が切れたらまた上がります。薬はなるべく飲まずに、「自分の持っている自然治癒力で治す」という考えが、健康法の第一歩なのです。

現代医学の大半はすべて対症療法であり、体が持っている免疫力を徹底的に抑えこむもの。これでは病気を根本的に治すことにはなりません。抗がん剤はがん細胞の分裂を抑えこむけれど、リンパ球など他の細胞の新陳代謝も抑えこんでしまいます。

つまり敵もやっつけるが、同時に味方の兵隊も殺してしまい、全体的に弱くなっているのです。たとえがんは小さくなったとしても肝心の体力が衰え、体全体の治癒力がなくなってしまっては意味がありません。

アトピー性皮膚炎に使われるステロイドは、確かに肌を一時的にはきれいにしてくれます。しかしそれを使うことで薬が皮膚に沈着し、その副作用により新しい皮膚炎や炎症を起こします。そこでさらに強いステロイドを使うという悪循環に陥り、薬が自然治癒のチャンスを奪ってしまっているのです。痛みや熱や発疹というものは、体が自分を治そうとしている治癒反応。

だから熱や痛みや炎症を通過しなければ、病気になった人間の体は元に戻らないのです。耐えられない痛みは仕方がないかもしれませんが、薬というのは長期的に使えば逆に副作用で新たな病気を生みだします。薬では本当の治癒には行きつかないことを覚えていてほしいのです。

第4章

一流の人はなぜ、外見にこだわるのか？

28 第一印象の重要性

一流の人たちは、美と健康に対して非常に高い意識と関心を持っています。

その理由は、人に与える第一印象の重要性を彼らが熟知しているからです。残念ながら人は見た目が9割。身なりがきちんとしていないようでは、真の成功者からは相手にしてもらえません。

一流の人というのは、一瞬であなたのことを自分と付き合うべき相手かどうか判断します。ですから外見を磨くことはとても重要ですし、それは単に見映えを良くするという効果だけでなく、メンタル（精神的）とフィジカル（肉体的）の向上にも直結します。

外見を磨くというと、一般的には服装や靴、ヘアスタイル、メイク、立ち居振る舞いなどが挙げられるでしょうか。これらの中でも、世界の一流と呼ばれる人たちが最初に押さえているポイントがあります。あなたの第一印象を上げるために絶対に欠かせない、最初に押さえておくべきポイントはどこだと思いますか？……それは**「歯」**です。

そう、欧米のエリートたちは、「歯」を見て一瞬でその人のバックグラウンドを連想します。その理由は、**歯の美しさでその人の人格や教養、ステータスを示すと考えているから**です。歯が白くない人や歯並びの悪さを治していない人は、その事実だけで「育ちが悪い人」だと見なされ、人生のチャンスを失ってしまいます。これは大げさに言っているのではありません。初対面の第一印象は「歯」で決まると言っても過言ではないのです。

私も名刺交換をする際は真っ先にその方の口元を見ます。しかし日本人でそこまでの意識を持っている人は少なく、欧米先進国との歯に対する意識の差はかなりあると感じています。

たとえば一昔前まで「八重歯はカワイイ」などと言われていましたが、それは日本だけの話。もし海外でこんなことを言ったら笑われてしまいます。日本人からしてみると意外なことかもしれませんが、世界の一流の人は歯をとても重要視しています。

歯を白く美しく保つことには、以下の三つのメリットがあるようですので、ぜひ参考にしてください。

歯を美しく保つメリットその1　～チャンスをつかむ～

先に述べた通り、一流の人たちとって「歯」とはその人の印象を決定付ける重要なアイテムです。

私の知り合いに貧困が原因で保険治療しかできず、歯が黒く見える女性がいました。彼女を見ると最初に歯に目が行ってしまうため、どうしても「あの歯の黒い子ね」という風に覚えられてしまうのです。顔立ちはかわいらしく清楚なのに、歯を治さないためにチャンスを失うのでは？　と心配していました。

案の定、その方の人生はあまりうまくいっておらず、明らかに歯を治していないことが原因の一部だと思われました。お金をかけて顔立ちを治せば、美人になれるかもしれません。しかし、**歯がきれいになることで、そこに「知性」という魅力が加わるのです。**

知性があるという印象を与えられる人には、必ずチャンスは巡ってきます。ですから目や鼻を治すくらいなら、まずは歯を治すことをお勧めします。

歯を美しく保つメリットその2　～歯とセルフイメージの関係～

歯とセルフイメージの関係についてお話ししましょう。スマイルは人間の最強の魅力ですが、それには白い歯は欠かせません。

歯が汚いと見た目も老けて貧相に見えます。自分の歯に自信のない人は、他人に歯を見られたくないので、口を開けて大きな声で笑えなかったり、口元を手で隠すなどの癖が付いてしまいます。すると相手が自分の話を聞き取りにくくなり、自信がなさそうに聞こえます。

その結果セルフイメージが下がり、ネガティブになりやすいのです。逆に**白くて美しい歯は、口元のコンプレックスから解放され、自信に満ちた話し方が出来ます**。当然、ご自身のセルフイメージも上がってくるでしょう。ちなみに私は毎月1～2回は歯の治療の他に、ホワイトニングのメンテナンスをしています。

私も、50歳を過ぎてから下の歯の矯正をしました。それほど気になる状況ではなかったのですが、パーティーなどで人と会ったり登壇をする機会が多いので、歯並びはできる限り完璧にしたいという思いがあったからです。

欧米ではいい家庭の子ほど、歯並びを小さいときから治します。そして子供のころにできなかった人は、大人になってから矯正をする人も結構いるのです。

アメリカのTVドラマでは、見ていると裕福な中学生や高校生の白人で矯正のブリッジしているという役の子がいます。その事実からも分かるように、米国社会では歯並びがきれいなのは富と知性の象徴なのです。ですからハリウッドセレブでも40歳を過ぎてから矯正器具を入れる人も少なくありません。

最近はトム・クルーズもセレブの象徴として、わざと矯正の写真を出しています。

その他にもマドンナやニコラス・ケイジ、ジョージ・クルーニー、シャロン・ストーン、あるいはベッカムやクリスチャン・ロナウドらスポーツ選手も皆、大人になってから歯並びを治していることを公表しています。

それだけ歯はイメージ戦略上、とても大事なのだと考えられているからです。

歯を美しく保つメリットその3　～健康促進効果～

そして三つ目のメリット、それが**歯をメンテナンスする習慣が健康を促進してくれる**という側面です。歯を美しく健康に保つと噛む力が育ち、体内で消化にかかわる重要な働きをしてくれる唾液をしっかり分泌してくれます。

じつは多くの方が、この唾液が本当はとても重要な働きをしていることに気づいていません。**唾液の効用には、口の中の洗浄という役目の他に、強力な殺菌作用があります。**歯磨き時にも唾液がたくさん出ると口臭も少なくなる効果がありますし、消化を助ける消化酵素もたくさん含まれています。

これらのように、唾液は私たちの健康に多くの重要な役割を担っていますが、残念ながら人は年齢を重ねるごとに唾液の分泌量が減っていきます。口内で唾液が少なくなると、口内細菌が増えるために口臭が強くなる傾向があります。消化酵素も自然と少なくなるために胃腸に負担がかかってきています。

唾液を多く分泌させ消化を助けるには、できるだけ咀嚼《そしゃく》することです。消化というのは、最も内臓に負担のかかる行為ですが、咀嚼して唾液を多く出すだけで内臓への負担が軽減できるのです。

昔から親に「よく噛んで食べなさい」と教わったと思いますが、健康上、これほど理にかなった教えはないのです。口は自分の意志で消化を助けることのできる唯一の器官です。

唾液の重要性について述べましたが、鼻呼吸が正しくできていないと口の中が乾き唾液が分泌されません。**口臭の原因も、多くが口呼吸による口内の乾燥です。**また唾液不足は消化吸収を遅らせ、免疫低下にもつながります。そういう意味では口の中は、消化器官の一部と言えます。風邪など多くの病気の原因にもなるので、口で呼吸をしていると自覚したら鼻呼吸を意識しましょう。

29

なぜ、自分の身体に投資するのか

高級ホテルのジムに行くと、エリートたちは朝早くから運動をして汗をかいています。彼らは、体を鍛えることは「できる男の象徴」として認識しており、それはそのまま仕事のパフォーマンスに跳ね返ってくることを自覚しています。日本でも最近のプライベートジムの勢いからお分かりのように、健康マインドの二極化が進んでいます。

実際、**「胸板の厚さと信頼感は比例する」**ということが科学的にも証明されており、一流の人は自分の価値を上げるためにも身体を鍛えることに熱心なのです。

あなたは自分の体に対して、なんらかの投資を行っていますか？　私はパーソナルトレーナーをつけて定期的に筋トレをしています。もちろん費用は安くありませんが、これは自分への投資と割り切っています。

私の性格では、誰かがそばで指導してくれないと挫折すると分かっているからです。厳しいトレーニングの甲斐があり、今では10kgの減量とウエストが18センチも細くなりました。今ではベンチプレスも90キロを上げられるようになり、胸板は厚くなり、腕も太くなりました。

私たちは50歳を超えたあたりから、筋肉の量が加速度的に落ちていきます。ここで大事なポイントは、筋肉は基礎代謝と大きくかかわっているので、その低下のスピードをいかに抑えるか、ということです。

運動量の計算では、筋肉を1キロ増やせば、基礎代謝が30キロカロリー上がるとされています。これだと少ない気がしますが、1年間ではなんと1万キロカロリー以上になります。ただし筋トレで注意しなくてはいけないのが、つい胸板を厚くしたい、腕を太くしたい、肩をがっしりしたいという見栄えが先行し、上半身だけを鍛えてしまうことです。

しかし全身の70％近くの筋肉は下半身に存在しています。太ももやふくらはぎなどの体の中でも比較的大きな筋肉を鍛えることで、基礎代謝を上げて脂肪燃焼につなげることができるのです。

筋トレの必要性が理解できた私は、どうせトレーニングをするなら、こうした知識を持った専門家とともに取り組んだほうが、効果が大きいと思うようになりました。

ここで私のパーソナルトレーナーである谷けいじくんについて紹介させてください。谷くんと最初に会ったのは、地方から上京したばかりのころで、私のグループコンサルに参加してくれました。

香川県から、かばん一つで上京してきた青年の夢は、東京でパーソナルトレーナーとして自立することでした。


僕もちょうど体を鍛えたかったタイミングだったので、パーソナルトレーナーとして彼のお客さん第一号になったのです。

その後、しばらくすると彼は「どうしても成功したいので弟子入りさせてください」と相談に来ました。そのときの通帳残高が38万円だったと聞き、驚きました。当時の彼は友人宅に居候していたので、「この青年のアパートを借りてあげなければならないな」と思いましたが、彼は最初からそういう依存と依頼がまったくありませんでした。

「よし分かった！　まだ若いのだからマインドを変えれば、大丈夫！　自分も31歳のときは牛丼しか食べられなかったのだから。まずはこういうブランディング戦略で行ったらどうだい？」とアドバイスしました。

そして彼はその通り素直にやりました。その結果、エグゼクティブ専門のパーソナルトレーナーとしてブランディングし、見事成功。今や予約が取れないほどの人気となりました。通帳残高38万から、4か月目には、月収100万円になったのです。

そしてその後、あっという間にフェイスブックのアイドルになり、飲み会を主催すれば100人近く集まるようになりました。バク転男でブレイクしたYouTubeチャンネルも人気化し、自分のラジオ番組を持つようになり、ついに劇場公開映画の準主役に抜擢されました。

そして彼は今でも私の業務も一部手伝ってもらっている大切なビジネスパートナーです。人生とはたった一人との出会いで、こうも変わるものなのです。

私が肉体改造でこれだけの成果を出せたのは、谷くんの存在があったからこそです。同じマンション内にジムがあるのでエレベーターで降りるだけなのですが、それでも彼から「今日は◯◯時に待っています！」とメールをもらえないとやれない自分がいました。

私は一般の人よりもコミットメントレベルは高いほうですが、それでも人間というのは、きついトレーニングを前にすると、つい自分には甘くなってしまうのです。

トレーニング自体は1時間で、前後のストレッチとマッサージを入れて2時間かけます。

しかしその後は疲れきってさらに1時間は動けないほどハードな内容です。ともに走ってくれるパーソナルトレーナーの存在があればこそ、そして自分自身に投資をしているからこそこういう結果が出せ、それを維持できているのだと思います。

30

パーソナルトレーナーを付けるメリット

以前は私もスポーツクラブの会員でしたが、見ているとパーソナルトレーナーを付けている人はあまりいません。ゴールドジムのような専門的なジムでは別でしょうが、ほとんどの人は、我流でマシンに取り組んでいます。

皆さん、マシンの使い方は誰もおおよそ理解しているのでしょうが、最高のパフォーマンスを出すには、微妙な姿勢やポジションや正しいフォームが要求されます。そこは専門家に見てもらわないとなかなか分からないものです。

筋トレは自分でもできますが、同じ腕立てでも、肘の角度、どこに意識を集中させるかなどで、効果がまったく変わってきます。どうせやるなら、効率的に最短最速で結果を得られるほうがいいですよね。

一人で黙々と頑張っている人に対し、私はときどき「あの運動はどうなの？」と谷くんに聞くことがあります。すると多くの場合「あの姿勢では、もったいないと思います」という答えが返ってきます。

つまり自分では正しいフォームでやっているつもりでも、実際はそうなっていないことが多いのです。姿勢やポジションやアングルが悪いために、正しい筋肉に正しい負荷がかかっていないのです。もちろんやらないよりはいいのですが、同じ時間をかけているのに得られる成果がまるで違うとしたら、もったいないですよね。

最短の時間で最高のパフォーマンスを得るには専門家のアドバイスを聞き、常にコーチにチェックしてもらうことが必須だと思います。


パーソナルトレーナーを付けるメリットはそれだけではありません。相当ハードなトレーニングを継続するには、やはり人間ですから心が折れることもあります。いや、常人なら確実に折れると言っていいでしょう。そこで励ましてもらえる存在が、絶対に必要なのです。

ともに戦っている存在がいるというだけで頑張ろうという気持ちになり、結果パフォーマンスは格段にアップするのです。どの世界でもそうですが、餅屋は餅屋。「常に専門家のアドバイスを聞く」という癖を付けることで、最短で目標が達成できます。

たしかにパーソナルトレーナーを雇うとコストはかかります。しかしそれによる時間の節約と実際に得られる成果を考えると、トレーナーを付けないということは、節約どころか時間の大幅な浪費につながります。

ゴルフの世界ではタイガー・ウッズをはじめ、世界のトッププロでコーチを付けていない人はいません。テニスでも世界ナンバーワンのジョコビッチにはボリス・ベッカーがいるし、錦織選手にはマイケル・チャンがいます。

トレーニングに限らず、知らない世界に飛び込むときは、必ず専門家のアドバイスを聞き、効率良く実践するようにしましょう。結局、そのほうが近道であり安くつくのです。

31

「なぜ?」を明確にするとやり遂げられる

筋トレをすることで得られるメリットはダイエット効果や見た目が良くなるだけではありません。単に目標が体重を減らすだけであれば、単純に食べないだけのほうがよほど楽で早くできます。わずか脂肪1キロ減らすのに何時間走らなければいけないか分かりますか?

時速8キロで走って、なんと12時間です。これでは現実的ではありませんよね。

そもそもトレーニングというのは、ダイエット目的でやっては絶対に続かないのです。なぜなら目標体重を達成したら、次の目標を用意していないと必ずリバウンドが待っているからです。目標よりも目的が重要と言われる所以です。

「あなたはなぜ痩せたいのですか?」一流の人は、この「なぜ?」に対する答えが明確です。

私の場合は、「スマートでカッコ良くなりたい!」というよりも「健康寿命を延ばしたい」という理由のほうがずっと大きいからできているのです。つまり健康寿命を延ばすための「将来への投資」であり、寝たきりの人生にならないように今から「人生の貯金」をしているのです。

じつは、この思いを強くした出来事がありました。2014年夏のヨーロッパのクルーズ旅行での話。船内で知り合ったカリフォルニアのランチョ・ミラージュに住む億万長者の老人と、1日行動をともにしました。

ちなみにランチョ・ミラージュとは、カリフォルニア州の砂漠地帯にある超高級住宅街。世界で最もゴルフ場が密集しているエリアで、避寒地として名高く、ハリウッドスターもたくさんセカンドハウスを持っているリゾート地です。昔は私もこの地によく行き、ゴルフをやりました。

馴染みの地域だったのでその老人と地元話が盛り上がり、ギリシャの首都アテネの街をタクシーで貸し切って一緒に観光することにしたのです。

ドライバーが定番のアクロポリスのふもとに車を停めたときのこと。これ以上先は、通行止め。丘の頂上にはパルテノン宮殿があり、アテネの街が一望出来ます。しかしそこにたどり着くにはちょっとした山登りです。

といってもたいしたことはありません。彼は途中まで行きましたが、82歳という高齢もあり、7合目で断念しました。そのときの彼の言葉が忘れられません。

「きみは若くしてこういう世界が見ることができて羨ましい。私の友人たちは皆、膝をやられて車いす生活者が多い。だから、自分はここに来れただけでもラッキーだと思っている。どんなにお金があっても、自分の足で歩けなくなったら人生の楽しみは半減する。だから今のうちに足を鍛えておくことを勧めるよ」

確かに行ってみると丘の頂上は絶景で、素晴らしい景色でした。またパルテノン宮殿も築後数千年というのに見事に保存されていました。せっかくふもとまで来たのにこの歴史的遺産と絶景を見ることができないなんて、とてももったいないと思いました。

世界には素晴らしい景色がたくさんあるのに、歩けなくなるとそれらも見ることができなくなります。悲しいかな肉体の衰えは20代からすでに始まっています。ところが日常生活に支障を感じないから、ほとんどの人はその事実に気がつきません。

そして知らず知らずのうちに年齢を重ねていき80歳近くなると突然、自分の体重を支えられなくなります。そうなると、転倒、骨折、寝たきり、認知症という最悪のスパイラルにはまるのです。そうならないためにも、元気な若いうちから体を鍛えておかなくてはいけないのです。

この老人の言葉をきっかけに、私は本格的に筋トレに励むことを決意したのです。もちろん痩せて腹筋を割りたいという希望はありますが、それはうわべだけのカッコ良さ。私にとってはそれ以上に永遠の健康体を維持し、いつまでも自分の足で歩いて世界の素晴らしい景色を見ることが人生の目標。だから苦しくても継続できているのです。

32 一流の人が筋トレをする本当の理由

一流の人間がトレーニングを欠かさず行う理由は、ダイエットや見た目以上に別の本質的なところにありそれを理解しているからと述べました。体を鍛えるという行為は、表面的なボディメイクの効果・効能にとどまりません。

トレーニングをやることで、数字では表せない以下のような素晴らしいベネフィットがたくさんあるのです。

①基礎代謝が上がるとエネルギーレベルが上がる
②集中力が増し作業効率が格段にアップする
③成長ホルモンが出て肌ツヤが良くなり若返る

誰もが年齢とともに身体を動かすことにおっくうになり、ぐうたらな生活を送りがちです。しかし、それでは老け込む一方でカッコ悪いです。

私は逃げ出したくなるくらいハードなトレーニングを行っていますが、それをこなすことで得られるこうした未来像をイメージしているから日々頑張れるのです。

日本は和食のおかげで世界的には長寿の国と知られていますが、実態は少し違います。先に述べたようにアメリカのお金持ちは80代後半でもゴルフや釣りなどで人生をギリギリまで楽しみますが、日本人は寝たきりになる方が少なくありません。その期間が平均10年近いというから驚きます。

寝たきりでは当然人生がまったく楽しめません。私はアメリカのお金持ちのように人生を最後まで味わい尽くしたい。その思いもあって、日々ハードなトレーニングを積んでいるのです。

33

運動とダイエットと健康の関係

ダイエットをして外見を整えることは大事なことですが、本物の健康を手に入れたければ、運動と食の両面から見直さないと意味がありません。

では、ダイエットする必要がなければ運動しなくてもいいのでしょうか？　結論から申しますと、痩せようが、痩せまいが、運動は絶対にするべきです。**運動には、睡眠を深め、多くの病気を予防し、ストレスを解消するという効果があります。**

「痩せる」という目に見えた効果が出なくても、運動を続けることが「健康にいい」ことは多くの研究によって証明されています。

非常に興味深い実験結果があるので紹介します。「運動をしている肥満な人」と「運動をしていない適正体重の人」を長期で比較した研究があります。どちらが病気になりやすかったでしょうか？

答えは**「運動をしていていない適正体重の人」**です。つまり、「肥満」か「痩せている」

というよりも「運動している」か「運動していない」のほうが、健康に与える影響は大きいということです。

もちろん「運動をしている適正体重の人」が最も健康的であったことは言うまでもありません。運動をしている人はしていない人に比べ、高血圧、糖尿病、心筋梗塞、がんなど様々な疾患の発症リスクが低いのです。

ですから「運動」の目的は痩せることではなく、「健康になること」なのです。運動により体重が減るか、減らないかはあまり関係なく、とにかく「運動を続けている」という事実が重要なのです。

運動が苦手だという人も少なからずいるでしょう。私もそうでした。

やはりなんのために運動するのかを考えて、まずは無理なく進めるのが良いのではないでしょうか。無理は身体に支障をきたしますから、いきなりハードなトレーニングをする必要はなく、最初は散歩からでもいいでしょう。

運動も同じように習慣になれば、あなたの健康寿命も間違いなく延びます。

34 ファッションとビジネスの関係性

人は見た目が9割であること、歯を大切にする重要性、健康寿命の延ばすために行っている筋トレについてお伝えしてきましたが、人の見た目に対してもう一つ重要なのが、ファッションです。

初めにお断りしておきますが、かつての私はファッションに関しては無頓着で、恥ずかしながら服装のセンスは酷いものでした。お腹が出ていたこともあり、どちらかと言えばコンプレックスを隠すために大き目の服装を選んで着ていました。

しかしセミナーや講演などで登壇する機会が増え、多くの人と接しているうちにトータルコーディネートに対する重要性を認識しました。そしてこのままではまずいと自覚し、プロのイメージコンサルタントのアドバイスを受けるようになったのです。これはとてもいい選択でした。

結論を先に言いますと、**ファッションを変えておしゃれになっただけで、会社の売り上**

げも30％近くアップしたのです。

初対面の人の印象は最初の3秒でほぼ決まってしまいます。人間の心理として、初対面の人を判断する基準は目で見た印象なのですが、頭で理解している以上に目からの情報を脳は判断しています。

それは過去の経験などをもとにして、このような見た目の人はこういう人だ、ということを無意識のうちに判断してしまっているのです。

このとき与えられたイメージというのは、のちのちの関係にまで影響を及ぼしていきます。

第一印象で、相手に「冷たい人」という印象を持たれると、その後、どんなことをしてもこの形容詞が付いて回り、ネガティブなイメージがついてしまいます。

その反対に、第一印象で「温かい人」という印象を持たれると、何をしてもポジティブに解釈される傾向があります。つまり初対面のときに、「誠実である」「信頼できる」という印象を与えることができたならば、その後のビジネスは格段にやりやすくなるのです。

もし服装を変えるだけで、人に与える印象がガラッと変わるとしたら、私は絶対に実行すべきだと思います。年齢を重ねれば重ねるほど、地位が上がれば上がるほど、外見への注目度は高くなります。

おしゃれ好きな人、自分のファッションに自信のある方は別ですが、男性は一般的に色の組み合わせなどは無頓着です。

忙しいビジネスマンであれば「同行ショッピング」が便利であり、それで十分です。たいていのイメージコンサルタントであれば、カラー診断、骨格診断とともに同行ショッピングはメニューに揃えているはずです。馴染みのイメージコンサルタントを見つければ、あらかじめ似合いそうなスーツやネクタイをピックアップしておいてもらえますので、時間が大幅に節約できるのでありがたい存在です。忙しいビジネスマンがファッションやカラーを一から勉強し、詳しくなる必要はありません。分からなければ、専門家にアドバイスをもらえばいいのです。

アメリカでは、**「良い医者、良い弁護士、そして良いイメージコンサルタントがいること」**が、エグゼクティブの条件と言われています。「好きなものを着るのが自分のスタイル」とか「流行に左右されたくない」という方もいるでしょう。

専門家があなたに似合うファッションを提案し、それを身に着けることで、あなた自身も自分の変身ぶりに驚くことでしょう。私も自分では似合わないだろうと勝手に思い込んでいたものが、着てみると案外良かった、という経験は何度もありました。やはりプロの目にはかないませんので、専門家の言うことには、「こんな服は着たことがない」と反発するのではなく、まずは従ってみましょう。

スタイリストに聞くと、**洋服はサイズ選びで90%が決まってしまう**そうです。サイズが合っていない高価なシャツよりも、ジャストサイズで着ているユニクロのシャツのほうがかっこいいと言います。ほとんどの人がワンサイズ大きい服を着ているので、服を買うときにワンサイズ下を買ってみるのをおススメします。

私も昔は、楽なのでついダブダブの服を着ていましたが、この事実を知ってから、ピッタリ目のサイズを選ぶようになりました。

一流のビジネスマンであれば、ビジネスシーンでの装いは、自分ではなく相手のためのものという認識が必要であり、服装の戦略もその一つです。服装の基本を押さえ、時代の流行を適度に取り入れつつ、自分に合ったものを選んで最良の演出をすべきでしょう。

洋服と同様に、靴も大事です。**「靴を磨くこと」とは「心を磨くこと」と言われているくらい、一流の人の靴というのは、男女問わずピカピカです。**参加者のレベルが高いパーティーなどに行けばいくほど、その傾向は顕著です。

「足元を見る」という言葉がありますが、これは昔、宿屋が旅人の足元を見て疲れ具合を見抜き、それによって宿泊代を判断していたことに由来するものです。

じつは、一流の人は歯と同様に足元も見ており、そこでバックグラウンドを判断する人は少なくありません。たかが靴、されど靴なのです。身だしなみは、洋服よりも靴のほうが重要と言う人もいるくらいです。あなたは初対面の人が、汚い革靴を履いていたら、どう思うでしょうか？

きっとだらしない人だと思うでしょう。あなたも、他人から足元で判断されているかもしれません。高そうな靴を履いているから良いというわけではありません。

きちんと手入れされた靴を履いている人は、それだけで信頼されやすいのです。靴は常にきれいにして、良い第一印象を与えましょう。

靴磨きの目的は、「栄養分と水分の補給」と「磨いて輝かせる」の2つに分けられます。靴墨は、つま先やかかとだけに使えばＯＫです。一般的に男性用の靴はつま先とかかとだけが光っていれば良く、靴全体をピカピカにする必要はないのです。

そして月に一度くらいは、プロに磨いてもらいましょう。何も高価な靴を買わなくても定期的に磨けばいいのです。磨くだけで耐用年数が全然違ってきます。上手な職人は、実際、磨くというより化粧水を塗るようなイメージで仕上げてくれます。

私は床屋に行く感覚で、路上の靴磨きに通っています。そのコストは僅か５００円。これでピカピカにしてくれるのだから本当に安い投資だと思います。

一流の人というのは、靴底を張り替えるなど一般の人よりも同じ靴をリペアしながら長く履き続けるのです。海外の一流の人たちも、見た目を通したファッションとビジネスの関係性を十分に理解しつつ、ファッションを楽しんでいる人も多くいます。それも余裕の一つでしょう。ファッションはあなたのステージを確実に上げてくれるものです。

あなたもぜひ、ＴＰＯに応じた着こなしやファッションを心がけてください。

第5章

一流の人はなぜ、英語を学ぶのか？

35 英語ができれば3億円の得

円安によるインバウンド需要により、最近は日本国内でも多くの外国人観光客を見るようになりました。国際化が進む今のような時代の中で、英語に関心のない人はいないでしょう。

私がもし「あらゆる学問の中で、現時点において何を学ぶべきか？」と聞かれたら、**もっとも優先すべきことは「英会話」**と答えます。実際に学生時代に習った科目でいまだに役に立っているのは英語と世界史くらいで、数学や物理などの難解な数式や記号を実生活で使う機会はほとんどありませんよね。

しかし日本人にとって英会話をマスターするということは、ダイエットと同じくらい続けることが難しいものとして認識されています。

なぜそれほどまでに、日本人は英会話が苦手なのでしょうか？

島国ということもあり、子供のころから日本語以外の言葉を耳にする機会が少ないことが原因かもしれません。学校で英語の授業が数年間あるにもかかわらず、一向に上達しないのが日本人なのです。

私は幸いにして幼少期をアメリカで過ごしたため、日常会話であれば英語も日本語もだいたい同じレベルで理解できます。これはとても幸運だったと感じています。それだけに英語ができるとどれだけ人生に幅が出るかを誰よりも理解しているつもりです。

英語ができるとできない人に比べ、入ってくる情報の質量ともに格段の差がつき、それは人生の大きなアドバンテージとなるからです。

「美人に生まれたら生涯2億円の得。しかし英語ができれば3億円の得」これは私が勝手に作った格言ですが、実際に何度も海外へ行ってみると、その価値は3億どころではないということが分かります。

私が今のステージで活躍できている原因に、この「英語力があったから」というのは疑いようもない事実です。ここで、英語ができないと生じる六つの格差というのを紹介したいと思います。

①情報格差
②収入格差
③人間格差
④人脈格差
⑤楽しみ格差
⑥思考格差

これは本田直之さんの著書『レバレッジ英語勉強法』（中経の文庫）にも書いてあったことですが、まったく私も同感です。1や2はなんとなく理解できると思うのですが、5と6は意外と知られていないと思います。

でもこの「楽しみ格差」と「思考格差」は、人生を楽しむ上で想像以上に大きいものがあると感じます。言葉を通して海外の文化や常識に深く触れることができれば、間違いなくあなたの世界は広がります。先進国であれば、どの国でも英語は共通の言語ですから、世界のいろいろな人と交流を楽しむ事ができます。さらに日本の素晴らしさを英語で紹介できたら楽しみも倍増するでしょう。

36

英語が世界の成功者とのつながりを作る

私はここ数年、夏には毎年ヨーロッパの旅を楽しんでいます。地中海、アドリア海、エーゲ海など2週間のクルーズ旅行に行ったのですが、いずれも富裕層が乗る豪華客船の旅。そこは世界の成功者たちと交流する最高の舞台でした。

乗客の中には石油王や不動産王、証券会社の経営者やフォーチュン500のCEOや役員らもいました。そんな彼らと2週間も船内で一緒に過ごし会話ができるのは、どんなセミナーに参加するよりも価値があります。乗客の国籍は20か国以上でしたが、英語が通じなかった人はほとんどいませんでした。

その一方で、乗客には30人ほどの年配の日本人ツアー客もいました。しかし彼らは、ほとんどの時間を日本人同士で固まって行動していました。

せっかく世界に出て行っても日本人は言葉の壁が邪魔をし、どこに行っても自分たちだけで団体行動してしまうのです。彼らからも「私も鳥居さんのように話したいが、何をしゃべっていいのか分かりません。本当にうらやましいです」と言われました。確かにその気持ちは分かります。

でもほんの少しの勇気で世界が広がるきっかけが目の前にあるにもかかわらず、それを生かせないのは、非常にもったいないと感じました。

日本人の英語アレルギーは深刻です。以前アフリカに行って驚いたのですが、じつは野生動物と暮らしているマサイ族たちのほうが、一般的な日本人よりもはるかに上手に英語を話せるのです。

これはちょっとしたカルチャーショックでした。彼らはまともな英語教育を受けておらず、観光客との会話の中で、我流で身に付けたもの。文法的にはでたらめなところもありますが、会話として立派に成立しています。そういう意味でこれを言うのは大変残念ですが、日本人の英会話力は先進国中でも最低レベルだと言えます。

この国の英語教育がもっと良質だったら、日本はどれだけ国益を損なわずに済んだでしょうか。

昔よく取り沙汰された成田離婚も起こらなかったでしょう。成田離婚の原因の多くが、新婚旅行中に外国でおどおどしてしまう夫の姿に妻が幻滅し、愛想をつかしてしまうとのこと。笑い事では済まされませんよね。もっと大きな問題で言うなら、戦争で原爆も落とされなかったかもしれません。日本の政治家が通訳を通さなければ自分の言葉でスピーチできないという時点で、外国からはバカにされているのです。

せめて外務大臣くらいは最低限の英語力がないと就任できないようにし、海外の要人とは自分の言葉で会話してほしいと思います。国民全体がもっと英語ができれば、これほどの不況にもならなかったでしょう。このように英語教育とはすべて国益に直結する重要な問題であり、その損失たるや天文学的な数字に及んでいるのです。

37

日本人が英語を話せない本当の理由

この機会に、私の実体験をお話しします。私は父親の仕事の関係で小学校時代をアメリカのニューヨークで過ごしたため、日本語を覚える前に英語を覚えました。ところが小学校時代を終え、日本に帰国した私に、ショッキングな出来事が起こりました。

忘れもしない、帰国後に入学した公立中学1年の1学期のこと。通信簿の英語の成績が10段階で7だったのです！

中学からABCを習い始めたキンダーガーデンレベルのクラスメートが10を取っているのに、普通に英語の新聞を読める自分のほうが成績が悪い。私はこの狂った評価基準にやる気がなくなり、子供ながらに得意なはずの英語が嫌いになってしまいました。

原因は、減点主義の「日本式の英語」にありました。確かにテストの成績は悪かったのです。しかしネイティブでさえグラマーなどはよく理解してないし、分からなくても会話は十分に成り立ち、生活に支障をもきたしません。

納得いかなかった気持ちにようやく整理がつくようになったのは、社会人になり「帰国子女の会」に出入りするようになってからのこと。

そこで初めて、自分と同じ体験をしている人が世の中にたくさんいることを知り、なんだか救われた気分になりました。彼らとの共通認識としては、「日本の英語の先生は、英語を知らない」というもの。これは一見ジョークに聞こえますが、笑い事ではありません。なにしろ点数をつけている先生自身が、外国に暮らしたこともなければ、英語圏で教育を受けたこともないのです。

だから困ったことに答えが一つしかないと思って、それ以外の解答は間違いにしてしまうのです。つまり本当の英語を知らない人が「使えない英語を教えている」というのが日本の英語教育の現状なのです。

英語は間違いながら覚えていくものです。しかし日本の英語教育は、スペルやグラマーなど細かいことばかり気にして、学校を卒業しても実際に話せない人がほとんどです。だから肝心の「伝える力」が全然伸びません。減点方式の日本式の英語は、むしろコミュニケーションには邪魔なのです。
何も流暢にかっこよくしゃべる必要はありません。もしあなたがネイティブスピーカーと洗練した会話を楽しみたいのなら、そして字幕ナシで映画を楽しみたいのなら、今すぐに受験英語を学ぶことはやめるべきです。

このような状態を作ってしまった理由の一つは、**戦後の日本の英語教育が間違っていた**からです。私たちはGHQ（連合国軍総司令部）の影響もあり、アメリカによってわざと英語を話せないようなカリキュラムを強要されているような気がします。そうとでも考えないとあのカリキュラムはあり得ないのです。
ですから英語を話せないのは、決してあなたのせいではありません。それとももう一つの理由は、日本人の性格にあります。**なんでも完璧を求めるあまり、間違ってはいけないという教育を受けてきた**ことも見逃せません。

アメリカも、もはやカリフォルニアやフロリダなどは、ヒスパニックと中国人や韓国人などのアジア系が多数派です。彼らはアメリカで生まれていない限り、英語を流暢にしゃべれません。

しかし、ＹＥＳとＮＯをはっきり主張し、ネイティブと堂々と渡り合い、たくましく暮らしています。もともとアメリカは移民の国ですから、正しい英語なんてあってないようなもの。だから日本人も恥ずかしがらずに恥をかくつもりでどんどん話すべきなのです。

たいていの会話というのは、１００個程度の基本的な単語の組み合わせで十分成り立つのです。大事なことは、相手に言いたいことを伝えることですから難しく考えないでください。

38

ネイティブはやさしい単語がお好き

英語に限らずですが、簡単にわかりやすく表現することはとても大事なスキルです。私は個人面談の席で「あなたはどういう人ですか？　小学校４年生にも分かるように説明してください」とお聞きします。

というのも日本人は特に難解で抽象的な表現を好む人が多いからです。そのことがよくわかる、私がサラリーマンだったころのエピソードをシェアします。

当時私は金融会社の国際部に所属しており、上司は総合商社から出向してきた典型的なザ・サラリーマン。その方は米国にも20年の駐在経験があるので、英語の理解力と単語力はあります。

しかし難解な単語をつなぎ合わせる事で、逆に分かりにくく、電話で話している内容を聞いていると「受話器の向こうの相手は、相当ストレスがかかっているだろうなぁ」と感じていました。

その方は一流大学を出た秀才ですから単語力はあり、私も分からないような単語を駆使していました。しかし結果的にそれが円滑なコミュニケーションを妨害していたのです。日本のすべての単語を英訳することはできないし、逆にすべての英語を和訳することもできません。英語にあって日本語にないもの、そして逆に日本語にあって英語にない言葉は多く存在するのです。ですからそれを無理に直訳する必要はありません。カッコをつけずにやさしい単語を組み合わせて、小学生でも分かる表現に直せばいいのです。

たとえばobtainやacquireはgetでいいし、attendも難しく考えずにgoでいいのです。厳密に言うと微妙に違うのですが、意味は十分通じます。

頭痛もheadacheという単語がありますが、分からなかったら「my head hurts」でいいのです。

「堤防」をどう日本語に訳しますか？　一応英語にもembankmentという単語がありますが、分からなかったら、Concrete wall to protect Tsunamiでいいでしょう。

「納豆」など日本特有のモノであれば、Soy bean processed by natural fermentationと

すればいいのです。そして、It's a traditional Japanese food, high in protein and very very healthy. と補足説明してあげるのです。

そうすればコミュニケーションとしても成立するし、知識として健康にいいことが相手に伝わり喜ばれるでしょう。何も格好をつけて難しい単語を駆使する必要はありません。

逆に**小学生が使うような誰でも分かる単語を組み合わせたほうが通じる**のです。

39 海外の文化と固有名詞を知る

英語の難しさは、単に辞書を引いただけでは文脈の意味がさっぱり分からないことが多いというところにあります。私は２００９年の夏に初の洋書の翻訳にチャレンジしました。やってみて分かったことは、翻訳は英語力だけが問われるのではないということ。もちろん基本的な英語力は必須ですが、その他にも「英語力プラスα」が要求されるのです。そして意外に思われるかもしれませんが、そこには「日本語の表現力」が重要視されるということでした。

私はこのとき、英和辞典よりも国語辞典を多用しました。「えっ?!」と思うかもしれませんが、日本語というのは意外と難しいのです。たとえば私たちは「普遍的」などという言葉を普段何気に使いますが、ではいったいどういう意味かと聞かれると、あまりよく知らないのではありませんか？

知っているようで意外と知らない日本語はたくさんあります。そこで国語辞典で意味を調べる必要があるのです。

映画の字幕翻訳は、ものすごく高いスキルがいるそうです。私は基本的に字幕を見ないのですが、たまにどういう風に訳したかが気になることがあります。

そういうときはいつも「なるほど、そういう風に訳すのか」と日本語の表現力で大変勉強になります。自分も頭の中では意味が分かっているのですが、それを「20秒の時間内に文字にしなさい」と言われたら悩むでしょう。

良い訳をするには、日米の文化的背景と同時に固有名詞を理解することが必須です。これはどういうことかというと、違う国の言葉でニュアンスを込めて作られた文章を、自国の最適な言葉にあてはめて表現するには、最新の流行やトレンド、人気の人物やスポット、お店などの歴史やブランド、ステータスなど幅広い知識を必要とします。

そしてそれらを比喩的な表現で分かりやすく説明しなければなりません。

たとえば、「フーテンの寅さんじゃあるまいし、そんな格好は恥ずかしい」というフレーズがあったとします。

日本人なら誰でも知っている渥美清さんですが、アメリカ人で知っている人はまずいません。当然ながらアメリカ人には「フーテンの寅さんって誰？」ってことになります。それをいかにも寅さんに似たようなアメリカ人が知っているキャラクターに瞬時置き換えるのが、翻訳力なのです。

さしずめ刑事コロンボのピーター・フォークあたりでしょうか？（ちょっと古いかな？）でもこの置き換えにより、フーテンの寅さんのキャラクターがイメージしやすくなります。

逆のパターンでHe is like Tom cruise. と言ったら、トム・クルーズを知らない人はカッコいいのかダサいかの判断が出来ません。現実にはトム・クルーズならほとんどの日本人が知っているから問題ないですが、そこをあえて「キムタク」や「福山雅治」に置き換えることでさらに分かりやすくイメージできるのです。

私が以前翻訳した作品の中に Twin city というキーワードが出てきました。Twin city といえば ミネアポリス と セント・ポールを指すことは、常識的なアメリカ人なら誰でも知っています。ちなみに大リーグのミネソタ・ツインズの由来はここから来ています。

しかし一般的な日本人に「ツイン・シティーってどこか知っている?」と聞いても、分かる人はほとんどいないでしょう。実際にツイン・シティーとそのまま訳したものをスタッフに読んでもらったところ、「双子の街ってどういう意味ですか?」と聞き返されました。なるほど、日本人ならではの視点です。

確かに翻訳というのは、ある程度文化的な背景を理解していないと意味不明なものになるということに、そのとき初めて気がついたのです。

またある映画では She grew up in West palm beach. というフレーズが出てきました。この一言は「彼女は裕福な家庭に育ったお嬢さんだ」というイメージを表現するためのものです。普通に訳していただけでは物語が正しく伝わりません。

ちなみに West palm beach は、本田健さんがユダヤ人大富豪であるゲラー博士と知り合った舞台で、フロリダ州にある全米有数の富裕層が住む高級住宅地です。

また同じデパートでも、アメリカでは Nordstrom や Sacks Fifth Ave は富裕層向け、Sears や JC Penny は庶民向けというイメージがあります。このイメージを連想させる表現をせず、これをひとくくりにまとめて「デパート」と訳してしまうと、微妙なニュアンスが伝わりにくくなります。

皆さんに翻訳家になってほしいと言っているのではありません。いきなりネイティブのように理解しなさいというつもりもありません。ただ、あなたが興味を持っている国や地域のこと、好きな海外のスターのことなど、知りたいと思ったところから調べるクセを付けてほしいのです。

なんでも上達するためには興味から始まります。行きたい国の文化を調べる、好きな歌手の歌の歌詞を翻訳してみる、そんなことから入っていただければ英語力は楽しみながら上達すると思います。

40 一流に近づく英語上達法

英語を学ぶために興味のあることから調べてほしいと書きましたが、英語を耳で聞く、話す、その基本的なことも楽しみながらできれば、なお良いと思いませんか？　ここでは、私の考える英語上達法を三つに分けて紹介します。

映画やテレビから学ぶ

楽しみがあると上達は早くなるものです。あなたは字幕なしで映画を見たいと思いませんか？

これは自分の体験からいっても英語学習における最大の楽しみの一つでしょう。私は、映画は字幕なしで見ますし、海外のみならず国内でも外国人が行う英語のセミナーは、通訳機なしで受講しています。このように多少分からなくてもいいので生の英語で聞くことにチャレンジしてみてください。

表情やイントネーションなどを見れば、意外と理解できるものなので、ぜひおススメします。というのも通訳を通すことで、どんなに良い通訳者だとしても内容が7掛けくらいに落ちてしまうのでもったいないからです。もちろんまったく分からなければどうしようもありませんが、多少分からないくらいなら、生でライブ感を味わいながら聞いたほうが効果的です。セミナー会場ではほとんどの人が通訳機を使っていますが、ちょっとしたトレーニングをすればヒアリング力を上げることが可能です。まずは勇気をもってチャレンジしてみてください。

手っ取り早く英語の理解力を上げるには、アメリカの映画やドラマを繰り返し見ることです。今はありがたいことにビデオ屋に行けば、アメリカのテレビドラマはだいたいレンタルできます。最初は字幕を見てＯＫですが、全体的な流れを理解したら2回目は字幕を消して鑑賞してみましょう。

またアメリカのテレビ番組は面白く、特にコメディーは笑いのキャプションが付いていることが多く、おススメです。アメリカ人がどこで笑うのかというタイミングがつかめ、ユーモアのセンスが磨かれますので一石二鳥です。テレビ番組や映画から英語を学ぶのは最も有効な手段だと思います。

ちなみにアメリカのテレビ番組は結構面白いので、私は現地に行くとホテルの部屋でよくテレビを見てしまいます。会話をしなくても、ドラマやドキュメンタリーなど耳から入る英語だけでも相当学べます。ちなみに私は、小さいころからテレビから英語を学びました。テレビこそ英語を学ぶ原点だとさえ思います。

外国人の集まる場所へ出かける

留学はまだハードルが高いと感じる人には、まずは**外国人の集まる場所に行ってみましょう。**私はサラリーマン時代の晩年、金曜日の夜は毎週六本木のある店に通っていました。

そこは金融機関を中心とする外資系企業に勤める欧米人のたまり場。19時ごろになると知り合いが一人二人と集まり、皆ビールを片手に飲み始めます。立ち飲みの小さな店なのですが、週末は朝の山手線状態。

金曜日の夕方になるとワクワクし、つまらなかった会社勤めの中で、これが自分にとって唯一の生き甲斐でした。

仕事ではないし、利害関係もない純粋な友人ですからストレスもありません。

「Hey, how are you doing? Long time no see. Whats going on?」（久しぶり！　元気？どうしてる？）という感じで握手をして会話が始まります。

英語のほうが気楽で話しかけられ、距離を縮めやすいのです。カジュアルな英語は、日本語のように謙譲語や丁寧語はないので、気を遣わずに済みストレスが少ないのです。

またそのころ出会った外資系の金融機関に勤務するエリートたちは、本国から採用されたエクスパットといい、都心の家賃100万円以上する豪邸に住んでいる人も珍しくありませんでした。週末になるとあちこちでホームパーティーが行われていたので、誘われてはよく出かけていきました。今では懐かしい思い出です。

日本人はシャイですから、仮にそういう場所に行けたとしても、いきなり話しかけることはハードルが高いかもしれません。最初は友人と一緒に出かけてもいいでしょう。もしかしたら相手から話しかけてくれることがあるかもしれないし、楽しそうに会話をしている人たちを見たら、だんだん自分から話しかけたくなるかもしれません。

どちらにしろ、そういう外国人がいる場所に出かけることが第一歩です。たくさんの英語のシャワーを浴びて、どんどん話しかけていきましょう。自分が思っているよりも、相手はフレンドリーに答えてくれますので、本当に簡単な英語でコミュニケーションが取れることに驚くと思います。

外国人観光客と接する

最近は京都などの観光名所に限らず、新宿や渋谷、大阪の道頓堀などにも普通に外国人観光客が街を歩いています。中国人が多いですが、欧米人も急増しており、その数はここ数年でどんどん増えています。

しかし残念ながら、日本は他の国際都市に比べて英語の標識も少なく、東京ですら外国人には歩きにくい街なのです。地下鉄などでは、地図を片手に右往左往している外国人を見かけます。

私はなるべくおせっかいと思いながらも、「Do you need help?」(何かお困りですか?)

と声をかけるようにしています。じつはこの言葉を待っている外国人というのは意外と多いのです。

多くの場合は、安堵感から藁《わら》をもつかむ気持ちで接してくれます。それは自分が旅先で知らない土地に行くと不安になり、つい聞いてしまうのと同じです。

あなたも旅先で地元の人に親切にしてもらえたら、嬉しいですよね。そしてそれだけではなく、地元の人の情報は確かですから、あれこれ考えるよりも聞いたほうが時間の大幅な節約になります。私も世界中で助けられてきたので、なるべく困った人がいたら、おせっかいと思いながらも声をかけるようにしています。

こういう心の通う瞬間は嬉しいものです。ぜひあなたも外国人とそんなつながりを増やしてみてください。

私たちが海外旅行にガイドブックを持っていくように、観光名所では外国人がたいていガイドブックを参考にして回っています。そこで、外国人向けのガイドブックを買って読んでみるのもいいでしょう。代表的なガイドブックは『Lonely Planet』です。

本書を片手に東京を散策すれば、外国人の視点で日本を旅しているような不思議な気分になれます。外国人の知人を案内するときにも、彼らの質問に答えやすくなるのでおススメです。

海外の人と話していると、なんでも正確に訳して伝えようと頑張ってしまいがちですが、無理にそうする必要はありません。ちなみに先にも述べたように英語には訳せない言葉がたくさんあるのです。

「もったいない」「なつかしい」「おかえり」「ただいま」「いってらっしゃい」「いただきます」「ごちそうさま」「おつかれさま」などの日本語は、英語にはありません。分からない単語が出たら、黙ってしまうのが日本人の悪い癖。

でも、分からなければ分かるようにやさしく分解して伝えればＯＫです。誰も完璧を求めていません。身振り手振りでしゃべれば、相手も一生懸命に理解しようとしますので、なんとかなるものです。

41 旅先で積極的に英語を使おう！

「どうしたら一番早く英会話が身に付きますか？」という質問をよく受けます。答えは簡単で、現地に行って実践で使うことです。

旅の究極の効能として英語が上達することがありますが、これはあくまでも自分から積極的に英語で質問したり話しかけるという前提での話。通じるかどうかがその場で分かるので、これ以上の方法はないでしょう。

宿泊場所が高級ホテルでしたら、コンシェルジェを活用することをおススメします。ちなみに英語では「カンシィアージュ」と発音します。しかし日本人で海外のコンシェルジェを活用している人は非常に少ないでしょう。

旅の達人たちは、ガイドブックに載っているような情報では決して満足しません。そんな情報は観光者向けで、たいていは高くてたいした店ではないと知っているからです。そこで地元の人しか知らないような穴場的な情報を教えてくれるコンシェルジュを活用しない手はありません。

彼らは知識の宝庫。私は知らない土地に行ったら、彼らをフル活用しています。せっかくの機会ですから、英語で彼らと積極的に話してみましょう。

・Tell me the best steakhouse in town.
一番美味しいステーキハウスを教えてください。
・Where is the local favorite?
地元の人がよく店はどこですか？
・Tell me the best kept secret.
本当は教えたくない秘密の場所ってどこ？　というような質問です。
ちなみにこの best kept secret というのは日常会話でもよく使う表現ですので覚えておくと便利です。

また朝食でも英語を試す機会があります。

・How do you like your eggs cooked?（卵はなんにしますか？）
・What do you want for omelets?（オムレツの具は何を入れますか？）

これらは必ず聞かれます。ちなみに目玉焼きにも何種類かあり、日本で言う片面焼の目玉焼きはsunny side up。少し堅めの両面焼きをover easy もっと堅めをover hard といいます。

フロントでも英語が使えると嬉しいメリットがたくさんあります。私がチェックインのときにいつも言うセリフはこれです。

Do you have a room close to the elevator highest floor possible?
できるだけ高い階で、エレベーターのそばの部屋をお願いします。

これはなぜかというと、大型ホテルではエレベーターから離れた端の部屋だと歩いて5分以上かかることが多いからです。忘れ物が多い私は、部屋に戻るのが大変なので、なるべくエレベーターの近くをリクエストしています。

車のParking には self と valet があります。バレットって言わないでくださいね。正確にはヴァーレイとtは発音しません。Valet は毎回チップが必要ですが、キーを渡すと駐車してくれる便利なシステムです。

ラスベガスなどの巨大ホテルを使う場合は、駐車スペースまで10分以上かかることもあって大変なので必ず valet を使っています。

こうやって、ホテルではとにかくなんでもダメもとでリクエストしてみてください。アメリカという国は個人を尊重する国なので、理不尽でなければ意外と通ったりします。せっかく海外に行ったのですから英語を積極的に使って旅を楽しいものにしましょう。

42 中年からの語学留学のススメ

最近は中高年の留学が流行っており、私の周りでもセブ島やハワイなどにある語学学校に留学する人が増えました。語学留学は10代や20代でなければできないという時代は終わりました。

これはとてもいいことだと思います。どんなに英会話学校に通ったとしても、授業が終わったら日本語を使ってしまう環境では限界があります。やはり本格的に会話をマスターしたいと思ったら、現地に行き、生活の中で強制的に英語を使うようにならないと上達はしません。

場所はもちろん、イギリスでもオーストラリアでもお好きな国に行けばいいのですが、どうせ休みを取っていくのであれば、北米（アメリカ、カナダ）をおススメします。

なぜなら世界の標準英語はアメリカ英語であり、それは今後も変わることはないからです。同じ英語でも発音とイントネーションが微妙に違うので、どうせゼロから始めるのであれば、アメリカ英語を学んでください。

私の友人で、南カリフォルニアのアーバインで外国人向けの英会話を経営している方がいます。その方は青井ゆかりさんといい、彼女がこの地に移り住んでからすぐですので、知り合ってからもう20年になります。

学校名はその名も「ＡＯＩ」で、ロケーションは本書でも再三登場してくる、全米一安全で魅力的な街、アーバインにあります。キャンパスは、有名なカリフォルニア大学アーバイン校（ＵＣＩ）の大学センターに隣接しており、大学の図書館やカフェテリアなどの施設も自由に利用できるのも魅力です。

こちらでは2週間からの短期のホームステイもアレンジしてもらえますから、どうせなら一度はホームステイにチャレンジしてみるのもいいでしょう。ホームステイというと、若い学生だけの特権だと思っている方も多いでしょうが、そんなことはありません。若くないと恥ずかしいと思われるかもしれませんが、中年でも受け入れてもらえますので問題ありません。

ホームステイは、アパートを借りるよりも多くのメリットがあります。同じ屋根の下に住むことで、普段は接することのできないアメリカ人の素顔が見られます。それにより彼らの考え方や習慣が分かり、より身近な存在として感じられます。また基本的に食事も付いていますので、夕食はホストファミリーとともにすることができ、常に会話する機会がありますっ。小さなお子さんがいる家庭なら、子供からもいろいろと学べてなおさらいいでしょう。

夕食時には必ずHow was your day today?（今日はどんな1日でした?）と聞かれます。そのときは躊躇せず、単語が分からなくてもいいから思いっ切り話してみてください。

一生懸命に話せば向こうも理解してくれますし、もし間違っていたら「それはこういう意味だよね」と言って正しい単語を教えてくれます。そして、なんと言っても全米有数の高級住宅街であるこの地の家庭に入り込めるのですから、そのメリットは語学力向上だけにとどまりません。アメリカの本当の金持ちのライフスタイルを垣間見ることができ、その体験はプライスレスなものとなるでしょう。

このように語学留学のメリットはたくさんあります。語学留学なんて、20代からせいぜい30代前半までだと思い込んでいませんか？

恥ずかしいと思わずに中高年になってからもぜひ、チャレンジしてほしいと思います。ちなみに私も取材で何回かクラスを受講しましたが、上は60代後半の方もいました。「若いときから留学は憧れでした。その夢がこの歳になり実現できて本当に幸せです！」と語っていました。

このチャレンジ精神、本当に素晴らしいと思います。人生はいつも今日からがスタート。ぜひ、あなたも夢を夢で終わらせず、現実のものとして生きてください。

第6章

一流の人はなぜ、旅に出るのか？

43

成功したければ旅に出ろ！

世の成功者たち、億万長者たちは皆、旅好きであり好奇心旺盛です。

「人生とは未知との出会いを求める旅である」これは紛れもない事実です。

故ジム・ローンも**「成功したければ旅に出ろ！」**と言っていました。億万長者たちはなぜ、旅好きなのでしょうか？

「旅」という究極の非日常を味わうと、五感が刺激され、新たなインスピレーションとイマジネーションが沸いてきます。人は自分の目で見たものにしか感動しませんし、そうでなければ視野は広がりません。

旅は私たちの感性を豊かにし、人間的な魅力を作ってくれるのです。ですから残念ながら旅をしない人の会話は、人生に変化がなく話に深みがないからつまらないのです。

私は多くのことを旅から学んできました。世界には素晴らしい景色がたくさんあります。人種・文化・風習も違うので大変興味深く、多種多様な人と触れ合うことで脳に「快」

の情報が伝わります。その結果、脳に新鮮な酸素がどんどん注入されるのです。もちろん日本も素晴らしい国であることは認めます。

しかし私は旅をして世界中の人々と会話をする中で、思わぬ発見や気づきや学びをたくさん得てきました。そしてこれらを１２０％自分の本業であるコンサルティング業や講演、執筆などに生かしています。だから旅とは自分にとって仕事であり、究極の「仕入れ」でもあるのです。

一流の人は、なぜ旅に出るのか？　あなたにも、その答えを知っていただきたいのです。ここでは、私がこれまで訪れたいくつかの国と、その魅力をお伝えしたいと思います。

44 旅の楽しさはホテルの質で決まる

旅の楽しさはホテルの質で決まります。ホテルは決して寝るだけの場所ではなく、いろいろな楽しみ方があります。私はホテルを自分で予約するのが好きで、たとえばバンコクで2週間ステイするとしたら、平均3泊で4か所くらいのホテルに滞在します。毎回「どのホテルに泊まろうかな？」というワクワク感をエンジョイしているので、もう旅に出る前からすでに旅の楽しみが始まっているのです。

ところでホテルというのは、予約の仕方で予算が大きく変わることをご存知ですか？

これは特にアメリカの場合で顕著なのですが、一般的に都心部は、ビジネス需要があるので、平日は高く週末は安いのです。都市部ではだいたい週末料金は半額程度になり、逆にリゾート地は週末のほうが高くなります。またシーズンによってもレートは大きく違います。

ニューヨークやシカゴなどは、ローシーズンなら100ドルちょっとで予約できたホテルが、ハイシーズンには500ドルにもなることがあります。またラスベガスなどの多くの人が集まる街では、前日80ドルだったレートが翌日には300ドルと4倍に跳ね上がることもあります。

たった1日でこの違いとはなんとも言えません。これはラスベガス特有の現象ですが、コンベンションの街らしく大型のイベントが開催されるときは、本当に部屋がなくなるのです。プライスが完全な需給関係で決まるので、レートがそのときによって大きく変動するのです。

面白いのは南カリフォルニアのオレンジカウンティー。ディズニーランドがアナハイムにありますから、ここの地区のホテルは、週末は高いです。でも10マイルも離れていないところにアーバイン・ニューポートビーチといったハイテクビジネス街があるので、週末のウィークエンドレートが適用されます。

サンディエゴもLAのリゾートですので、週末は高くなります。

ところで常連客にとって、「ホテルやエアラインがどういう基準でアップグレードしているのか？」というのは非常に興味深いテーマですね。このアップグレードに関しては、プラザホテルのマネージャーだったケニー奥谷さんの著書に面白い記事が載っていたのでシェアします。

以下転載。

ホテルの客室にはカテゴリーがあり、スタンダード、デラックス、スイートなどの名称で別れている。もちろんホテルは値段の高い部屋を多く売りたい。だが実際はスタンダードカテゴリーに予約が多く入り、不足をアップグレードして埋める場合が多い。それゆえ、ホテルは頻繁にアップグレードするゲストを探している。過去に滞在した記録を持っているゲストは大概、最初にアップグレードリストに入る。

またチェックイン時に身分証明を求めて誕生日を確認。滞在中に重なれば、「お誕生日おめでとうございます。記念にアップグレードさせていただきます」などとなることもある。こうした事状を知っているゲストは、「滞在中に結婚記念日が来るのでよい部屋に入りたい」などとほのめかしてアップグレードを狙ったりする。

さらには、チップをフロントスタッフに渡して、「記念日なのでアップグレードしてくれたら有難い」などという大胆な行動にでる人もいる。前者はホテルがアップグレードするゲストを探している場合は成功する。後者は、たとえ探していないときでも、上のカテゴリーに空きがある場合には成功する可能性が高い。

プラザではデラックスカテゴリーとパークビューカテゴリーの値段の差は、1泊あたり150ドル以上はあった。3泊するゲストが、フロントスタッフに50ドルのチップを渡して、パークビューの客室に入れたとしたら、差額400ドルの得をすることになる。チップが入る部署では、平等を保つためにチップは一度回収され、勤続年数に従って分配されるというルールがある。

だがフロントのようにチップが入らない部署では、そうした決まりはない。彼らのポケットに入るので、50ドルともなれば無視できない金額となる。なんとしてもアップグレードを成功させたいと思うのは当然のことだ。慣れたゲストは、フロントがなんとかしたいと思う金額を考えて駆け引きをしてくる。アメリカはチップで動く社会。彼らは素直に感謝し、それにあった見返りを提供する。

以上『海外旅行が変わるホテルの常識』（ダイヤモンド社）より

奥谷さん自身もこれをたまに使うそうですから、有効なのでしょうね。私もチップは気前よく払うほうですが、特にラスベガスでのショーでは案内係に20〜30ドルほどのチップを渡すことで、何度も前方の席に案内してもらいました。しかしフロントでは渡した経験がないので一度ぜひ試してみたいと思います。

もちろん、ホテルの楽しみは、部屋、ホスピタリティー、食事、ホテル内の施設、ショッピングなど、楽しむべきものはいろいろとあります。あなたの旅がより素晴らしさを増すように、あなたならではのホテルの楽しみ方を見つけてください。

45 ホテルや飛行機の相場を知る

前のチャプターで経済合理性の話をしたと思いますが、私は世界中の飛行機やホテルの相場をおおよそ理解しています。その上でこのホテルやチケットなら「ここまでなら出せる」という基準を持っています。たとえば航空券を例に取ると、太平洋線（米国）なら通常はビジネスクラス（C）に乗るようにしています。

しかしそこにも基準があり毎回ではありません。その基準とは、エコノミー（Y）の3倍までという予算を決めています。

しかし香港やソウルまでならフライトタイムが4時間以内なので金額が3倍以内でもYで行くことがほとんどです。これもまた自分独自の基準を設け、4時間以内のフライトなら体力的に許容できるので、Yでもいいと決めています。

ここ数年は毎年夏にヨーロッパに行っていたのですが、ヨーロッパ線の場合はYとCの値段のかい離が4~5倍もありました。Yだとアメリカより少し高い程度ですが、Cになると最低40万円、通常でも50万はします。時には80万なんてこともありました。

太平洋線ならファーストに乗れてしまいますので、そうなると自分の価値基準を超えています。そういうときはマイレージを活用するか、Yで行くことになりますので、代わりに到着日には予定を入れず、その分いいホテルに泊まるようにしています。少ない予算の中でやりくりするのですから、旅費もこうして臨機応変に対応すればいいのです。

ホテルも同様で、自分がよく行くバンコクやカリフォルニアは「agoda」というサイトで常に相場を見ています。国内なら「一休」を基準に、国内主要都市の相場もほぼ暗記しています。ホテルや飛行機のレートというのは、需給で決まるので常に変動します。繁忙期は高いし、オフシーズンは安いです。

しかしそのホテルの値段が「普段はいくらなのか?」が分からなければ、安いか高いかの判断はつきません。情報を探して相場を知り、自分なりの価値基準を決めることで、旅はいくらでもリーズナブルに楽しむことができるのです。

46

アフリカの魅力

世の億万長者の大半は人一倍に好奇心が旺盛で、少年のようなピュアな心を持っているとお伝えしました。それだけに普通の旅行では絶対に満足はしません。そんな世界中を旅してきた彼らに「今までの旅で、どこが一番面白かったですか？」と聞いてみてください。すると何と答えると思いますか？

じつは**「アフリカ」と答える人が多い**のです。

アフリカは人類生誕の地であり、いまだ人工的なものがほとんどありません。それでも実際に多くの著名人を虜にしている魅力的な場所です。

２００９年に『成功の９ステップ』（幻冬舎文庫）でお馴染のジェームズ・スキナーと一緒に食事をしました。彼はそのときに、ゲームサファリ（公園や動物保護区内でのドライブ）の面白さを熱く語ってくれました。それを聞き刺激を受けた自分は「絶対に行きたい！」と思い、翌年初めてケニアのマサイマラ国立公園を訪れました。そこは野生動物の宝庫。

同じ動物でもオリに飼育されているものとは別次元で、感動の連続でした。
『自分を超える法』（ダイヤモンド社）の著者ピーター・セージもアフリカに行って気球の低空飛行でヌーの大移動を見たことが、人生で最もエキサイティングな瞬間だったと語っていました。

サファリで外せないのが、この気球によるバルーン・サファリです。ちなみにこれは南アフリカではできないので、ケニアに訪れることができたら、贅沢ですが一度は体験してみてください。ただ一人６００ドルと高額なので、ツアー参加者の３割程度しか売れないそうです。

朝４時に起き、５時に集合すると、暗い夜空が徐々に日の出とともに明るくなる美しい様子が見えます。16人乗りの大型気球に乗り込むと、ほとんど地上５～10ｍを移動します。地上から見るのとは全然眺めが違い、ヌーやシマウマなどの動物たちの様子もよく見えて、感動的な風景を味わえます。あなたも機会があれば、ぜひこの地を訪れてください。今までに味わったことのない感動が得られるでしょう。

47 究極の資本主義が学べる街　ラスベガス

人間というのは、誰しもお金で買えない特別感が好きです。アメリカには、日本の銀座の高級クラブのようなものは存在しませんが、その代わりにシーズンチケットを購入してプロスポーツ観戦をビジネスの接待の場としてよく使います。

たとえば野球なら始球式の参加権や、有名スターたちが参加するパーティー招待権、選手が出入りするクラブハウスへのアクセスなどなど。これらはすべてお金で買えない権利です。５万人の大観衆の前で始球式ができたら、誰もがその体験は一生忘れないでしょう。

中でも世界中でラスベガスほど、お金で買えない特別感を体感させてくれる街はないでしょう。私はそんなこの街が大好きで、２０００年代前半は、平均年間５～６回は行っていました。良いお客さんと認めてもらえれば、滞在期間中は、部屋、食事などはサイン一つで基本無料。部屋も眺めのいいジャグジー付スイート。普通はなかなか回れない会員制高級ゴルフクラブの招待券もよくもらいました。

入手困難な人気のショーやコンサートも、電話1本で特等席を取ってくれるという至れり尽くせりのサービスです。

その昔、シルク・ドゥ・ソレイユの「O（オー）」という通常150ドルのショーがオークションで700ドルまで跳ね上がったことがありました。当時はあまりの人気に、まず普通では取れないプラチナチケットだったのです。しかしこれも担当のカジノホストに1本電話するだけで、特等席で見ることができました。

一般客は開園前から皆さん並んでいるのに真ん中の一番いい席は空いているのです。開演直前になると葉巻をくわえたハイローラー（大金を賭けるギャンブラー）の男性がゆったりと美女を従え隣に座ってきました。

通常は1時間以上並ぶブッフェも1分で席を用意してくれます。専用のVIPレーンがあり、カードホルダーはそこから入場できるのです。一般社会ではどんなに社会的地位がある人でも、ディズニーランドでなどで1時間待ちのアトラクションに並ばずに乗せてくれることはありませんよね。

ところがラスベガスではそれがあるのです。これなどは時間を有効に使いたい富裕層にとって、最も喜ばれるサービスです。良い客には徹底的にサービス精神を発揮する。これがラスベガスにはまってしまう大きな理由です。

プライベートジェットの招待状もいただいたことがあります。ただしこちらは乗合で、ハイローラーのスケジュールのついでに便乗させてもらうという感じで、さすがに自分専用に飛ばしてくれるわけではありません。

このときは日程が合わず乗りませんでしたが、あらゆる角度から顧客をもてなす経営姿勢は素晴らしいものがあると感じます。こういうオファーをいただくと、「また行こうかな？」という気になってしまいます。

その他にも山のようにクーポンが送られてきて、この至れり尽くせりの魅力的なオファー。つい足が向いてしまうのもお分りかと思います。こうしたお金で買えない特別な思い出や体験をプレゼントする……これもラスベガスの集客マーケティングの一環です。

ラスベガスのホテルのペントハウスは、グランドピアノが置いてある2階建ての巨大スイートです。しかしこれらの部屋は、ハイローラー用のため一般には販売されていません。

彼らには自宅からプライベートジェットがあてがわれ、空港からはリムジンでの送迎が付き、部屋にはバトラーが24時間待機しています。

カジノホストの収入は、ハイローラーたちの使った金額からの歩合なので、必死にご機嫌を取るのです。ラスベガスには、人を楽しませる究極の非日常とホスピタリティーがあるからこそ、お金を使うために世界中から人が集まるのでしょう。


ラスベガスの偉大なマーケティング力は大いに勉強になります。売り上げとはズバリ、「客数 × 客単価 × 購入回数」です。もしあなたが今すぐに売り上げを上げたかったら、客単価を上げることです。

そして客単価を上げるには今までの客層を変え、お金を持っている富裕層を相手にすることです。このお金で買えない特別な思い出や体験をプレゼントする……これは富裕層を虜にするための重要な戦略です。これができればあなたのビジネスの売り上げは飛躍的に伸びるでしょう。

そう、ラスベガスというのは究極の資本主義が学べる街なのです。

48

経済格差とお国柄を楽しめる国　タイ

タイはタイランドというくらいですから、国自体がテーマパークのようです。よく「おもちゃ箱をひっくり返した国」と言われていますが、なんとなくそんな表現がピッタリです。この国は、欧米、特に太陽に飢えているロシアや北欧諸国に人気があり、いろいろな人種と知り合うことができます。

タイは王国（kingdom）なので、歴史上、他国に占領されたことがありません。戦争や紛争もほとんどないということが、良い意味で国民の気質に影響していると思います。同じ華僑でも他のアジアの国のそれとは明らかに違っていて、タイ人が怒鳴ったり怒ったりしているのを見たことがありません。

シンガポールなどはその昔、日本に占領された歴史から生き馬の目を抜くようなところがあって気が抜けませんでした。香港などの華僑も同様ですね。ベトナムやカンボジアも戦争の後遺症で、国民からはタイのような大らかさはまったく感じられません。
この二つの国は冷戦の犠牲とともに、歪んだ政治に支配されたことも悲劇でした。そういう意味でタイは、他国の干渉を受けずに済みラッキーだったと言えるでしょう。

またシンガポールや香港には上昇志向の強い人が多く住んでいますが、タイではそれなりの収入で結構な生活ができるので、そこまでの意識レベルの人がいないのが現状です。そもそもそういう上昇志向の強い人は、この国には住まないのでしょう。

また、タイの物価は非常に安く、マッサージはなんと1時間でたったの500円。タクシーも初乗100円足らずです。食事は美味しいし、快適なホテルもたくさんあります。東南アジア、とりわけタイのホテルは、サービスの質の高さでも世界的に知られています。
ここはいい意味での競争原理が働いているので、世界で最も高級ホテルが安く泊まれ街です。値段もたいして変わらないのでいつもだいたいスイートに泊まります。日本の場合は広さに比例して値段も変わりますが、こちらは倍の広さになり2～3割しか変わりません。5つ星の1ベッドルームで70平米以上のスイートが2万円以下で泊まれます。バンコクは、ホテル好きにはまさに天国なのです。

しかし、すべてが安いわけではありません。スターバックスのコーヒーは1杯５００円しますから、日本よりも高いくらい。ちなみにローカルなお店なら、コーヒー1杯60円です。日本の有名なラーメン店も多数ありますが、値段も８００円以上。

ちなみに街の屋台のラーメンなら１００円です。日本の外食チェーンはだいたい進出していますので、和食に恋しくなることはありません。

タイの魅力はたくさんありますが、その中でも人の温かさと物価の安さが一番です。これは一種の愚民政策による結果でもあるのですが、この経済格差こそがじつは旅の一番の醍醐味でもあります。しかし最近のタイは経済成長とともにゴルフをはじめ、物価も上がってきました。

昔は3泊で10万円あれば、王様の遊びができましたが今はそうはいきません。インフレと円安でお金の使い出がなくなってきているのです。そういう意味では、タイはもはや発展途上国ではなくなり、かつての楽しみ方はできなくなってしまい寂しい限りです。

49

プライドを譲らないイギリス人

地中海で2週間ほど豪華客船の旅を楽しみましたが、そこでは様々な人種と過ごしました。先のカナダ人もそうでしたが、中でも興味深かったのがイギリス人です。ご存知かもしれませんが、正式には「イギリス」いう国は存在しません。

厳密に言うと、この国は「イングランド」「スコットランド」「ウェールズ」そして「北アイルランド」という4つの連邦に分かれて構成されており、この4つを統合してUK（大英帝国）と呼んでいるのです。ちなみにサッカーやラグビーのワールドカップやゴルフなどの個人競技は、それぞれの独立国家として、オリンピックはUK連合で出場しています。

日本人が勝手にイギリスと呼んでいる地域は、ロンドンのあるイングランドです。しかし首都ロンドンがあるのはイングランドであって、イギリスではありません。

船の中では幸運にも、この4つの民族と会話をする機会がありました。それぞれの地域を簡単に表すと、イングランドが統括支配者。

ウェールズはイングランドに地理的にも近く、属国のような運命共同体。スコティッシュとアイリッシュは、イングランド被支配者という被害者意識を持っている。しかしスコティッシュはプライドが非常に高く、自分たちはアイリッシュよりは上だと思っている。

アイリッシュは迫害と差別を受けてきた歴史があり、アメリカに渡っていった多くがアイルランド系であった。宗教も同じキリスト教といえども、それぞれカソリックとプロテスタントに分かれ、歴史的にお互いに相入れない部分があった。


イングリッシュはその中でも一番プライドが高い民族です。大都会である首都ロンドン住人たちは、なんでも自分たちが一番だと思っています。面白いことにイングリッシュの連中と飲んでいたら、その中にマンチェスターとリバプール出身の人間がいました。この2都市はまたすごいライバル心を持っています。

ロンドンにはさすがに大都会なので一目置いていましたが、どちらも自分たちがイングランドのナンバー2だと言って譲りません。その会話の内容が、自分たちの都合のいい話ばかりでとても面白かったです。

スコットランド人は北部の田舎に住む貧しい農民が多いのですが、愛国心は強く、そのプライドの高さはイングリッシュに負けていません。イングランドに対するライバル意識が非常に強いのも特徴です。自分たちは「英国人」ではなく「スコットランド人」であることを意識して日々暮らしています。

アイルランドは長い間イギリスの支配下でしたが１９４９年に独立し、現在のアイルランド共和国となりました。

国民感情としては、イギリスに侵略されたことのあるアイルランド人にとってイングランドは敵なのです。古くから差別と迫害を受けてきたため多くはアメリカに渡り、世界中にいるアイルランド系の約半数はアメリカに住んでいます。

以上は、独断と偏見に満ちたイギリス評ですが、それぞれの民族からのダイレクトな情報なので、かなり当たっていると思います。このように世界はいろいろな人種と文化があって興味深いです。

50

日本と共通点の多い国　ドイツ

私がドイツを訪れた際、10人以上の現地人と会話をしました。ドイツ人は皆さんが思っている通り、真面目でぶっきらぼうです。物事に対して誠実で勤勉、厳格であまり笑いません。

そして英語が下手なのですが、プライドだけはやたらと高いです。我々日本人に似ていると感じました。これらの特徴はドイツに行ったことがある方なら同意いただけるのではないでしょうか？

ドイツ人は英語が下手だというのは事実ですが、彼らはそれを認めたがりません。10歳になったら義務教育で習うそうですが、これは北欧諸国も同じシステムです。しかしドイツと北欧では語彙力もリズムも全然違います。北欧諸国の人たちとはストレスなく会話できましたが、ドイツ人となると話が弾まないのです。

ドイツ人が優秀なのは、誰もが認めるところです。工業力は世界有数ですし、ユーロもドイツが加盟していなければ立ち行きません。国際金融の世界では、ユーロ＝旧マルクと認識されているくらいです。彼らも自分たちの工業力は世界一だと思っていて、「あえて英語を認めたくないのでは？」という気がします。

個人的な見解ですが、ドイツも日本と同様に第二次世界大戦以降の英語教育に問題があるのではないかと感じました。街を歩いていてもほとんどの情報はドイツ語で書かれています。駅のアナウンスや表示もすべてドイツ語です。レストランには英語のメニューも置いていないところがあって、正直ドイツ語ができないと住むのは難しいと思いました。

ベルリンは多くの移民で成り立っています。世界の大都市は皆同じですが、ここも多くの異文化が見事に融合しています。特に飲食店には隣国のポーランドやオーストリア、チェコなどからの出稼ぎ者も多く、タクシードライバーはアフリカ系の黒人が多いように見えました。

彼らに聞いてみると、多くの（特に若い）人が、ベルリンを愛していることが分かります。ここにはすべてがあり、選択肢も広い。「永遠に飽きることのないエキサイティングな街」……これがベルリンに対する多数派の意見でした。

面白かったのは、いくらプライドの高いドイツ人でも、自分がドイツ人であることを誇りに思うということは、決して表立って言わないところです。これはナチスの過去の行為に対する近隣諸国への配慮であり、だからこそドイツは現在ヨーロッパの盟主として君臨できたのでしょう。

しかし本音は「ナチスとドイツは違う」という認識です。ナチスは残忍で悪いことをしたが、あれはナチスでありドイツ民族とは違うというのが彼らの言い分です。

かたや日本も戦後は同じ状況だったにもかかわらず、いまだに韓国や中国としこりを残しています。確かに彼らは理不尽な理由でいまだに賠償問題を持ち出してきます。でも実際にドイツは戦争責任を果たしながら近隣諸国とうまくやっているのだから、同じ敗戦国として私たちが見習うべきことは多いと思います。

真面目で勤勉。日本人と気質が似て、優秀な人材が多く戦争の視点からも共通項の多い国です。また訪れたい国の一つです。

51 親日家が多いトルコ　イスターンブール

トルコのイスターンブールは、とても刺激的な街でした。東洋と西洋が交わる独特の文化があり、エキゾチックな雰囲気が漂っています。

トルコの首都はアンカラですが、イスターンブールは一大商業都市で、その人口はなんと1800万人と東京の1・5倍です。

トルコには親日家が多く、片言ですが日本語をしゃべる人も少なくありません。トルコ人はとても義理堅い人種で、その昔、トルコの船が沈没したときに日本人が救助をしたという恩を、いまだに忘れずに持っていています。

街は川をはさんで、ヨーロッパ地区とアジア地区に分かれています。そしてヨーロッパ地区は、さらに旧市街と賑やかな商業地区がある近代的な新市街とに分かれます。

食事の主食は、ケバブと呼ばれる肉や魚、野菜などをローストした料理です。イスラム教なので基本的に豚は食べません。トルコ産のEFESというビールはすごく飲みやすかったのでお勧めですが、トルココーヒーは苦くて日本人には向かないでしょう。苦いだけならいいのですが、味も美味しくないのです。

トルコは長年EU（欧州連合）に加盟できず、現地通貨もトルコリラです。観光客としてはユーロが使えないのは面倒ですが、そのために物価は周辺諸国よりもかなり安いのでとても助かります。

「トルコリラが安い」というのでインバウンド需要が旺盛で、街はヨーロッパ中からやってきた買い物客で賑わっています。そのような状況なので、トルコ人はユーロに加盟する意味は特にないと思っているようです。

基本的にイスターンブールの治安は安心です。そして日本から旅をする国としては、親日家が多いというのは心強いものです。日本人だと分かると日本語で話しかけてくれることも多く、街中を歩いているだけで楽しいです。

52

エーゲ海と地中海が楽しめる国　ギリシャ

ギリシャには2年連続でエーゲ海と地中海のクルーズで行きました。ギリシャの人口は約1000万人ですが、その半分はアテネ周辺に住んでいます。街には20階建てのビルが一つあるだけで、全体的にフラットな街並みです。

ギリシャは御存知の通り財政的に破綻していますが、アテネの街を見る限りそんな雰囲気は感じません。ここでもタクシーを貸し切り、興味のあるところに連れて行ってもらいました。金額は半日（4時間）で100ユーロですから時間効率を考えたら非常にリーゾナブルです。しかしタクシードライバーにとって、彼らの平均収入からするとこれはいい稼ぎです。

ドライバーをいろいろと質問攻めにしたところ、財政破綻後の庶民の暮らしは楽ではないようです。まず年金が60％以上カット。その額はわずか650ユーロ（9万円程度）。

そのせいで老人が暮らせなくなり、子供が仕送りをしないと生きていけない。

しかしその若い世代の失業率が非常に高いのだそうです。国民は政府にかなり不満を持っているようです。しかもこの国は富裕層への締め付けも厳しく、たとえばヨットやクルーザーの保有者にも45％の課税をしています。

結局、経済的に弱い国はユーロに加盟してさらに弱くなってしまった感じで、ギリシャもトルコのように独自通貨を維持していたほうがうまくいっていたと思われます。ユーロになって得をしたのは輸出で儲けたドイツだけで、フランスはまぁまぁ、イタリア、スペインですら国民にとってはデメリットのほうが大きいようです。

この国は産業がほとんどないので、観光資源に頼らざるを得ないのが問題です。

2014年の夏に、サントリーニ島に行きました。ここは、エーゲ海のハイライトであり、ヨーロッパでも最も人気のある島の一つです。この美しさに魅せられて、世界中から多くの観光客が押し寄せています。

訪れてみるとそこはまさに天国。写真で見た通り、青い海と真っ青な空、それに真っ白い建物が見事にマッチしており、息を飲む美しさを味わいました。この美しいコントラストとハーモニーが見事にブレンドされ、脳に素晴らしい刺激を与えてくれます。

こういう絶景を味わうことで、素晴らしいアイディアが生まれてくるのです。摂氏30度以上と非常に暑かったですが、しかしその息を飲む美しさは暑さを忘れさせてくれました。しかし今回は、クルーズのツアーに参加したため、島内には数時間しかいられず、また観光客でごった返していたため、ゆっくり見ることができず残念でした。

そしてミコノス島にも寄港しました。ここはサントリーニとともに地中海の人気スポット。この二つの島はよく比較されていますが、街の美しさでいえば、断然サントリーニに分があります。

ミコノス島のメリットは、見所すべてが徒歩圏内にあり、街がほぼフラットなので歩きやすいことです。サントリーニ同様に建物はすべて白で、青い空と海とのコントラストが美しい。両島ともに、死ぬまでに一度は行ってみたいと思わせる絶景ですのでぜひ行ってください。

53

北欧を巡る旅

①白夜の国　フィンランド　ヘルシンキ

ヘルシンキというと日本人にはあまり馴染みがない都市ですが、ＪＡＬとフィンエアーが毎日飛んでいるので、街には日本人観光客があふれています。ヨーロッパ主要都市に比べ航空券も安く、なんと言ってもフライトタイムが1時間以上短いのが魅力です。

気温も摂氏20度ほどですから夏でも半袖では肌寒くジャケットが必要です。７月の日照時間は18時間。朝５時から夜の10時過ぎまで明るいです。いつまでも日が暮れないので、体力が要ります。それでもヘルシンキはフィンランドの一番南ですから、北の地方に行くと完全な白夜だそうです。

ヘルシンキの街自体はコンパクトで、２日もあればだいたい一通り見て回れます。街にはトラム（路面電車）が縦横無尽に走っており、これに乗ればたいていのところに行けます。「ヘルシンキパス」というチケットを事前に買うと、あらゆる交通手段や美術館のほとんどを無料で行けるので便利です。

価格は1日44ユーロですが、いちいち切符を購入する手間がないのでおススメです。

フィンランド語が主要言語ですが、ほとんどの人は北米人と変わらないきれいな英語を話します。学校では小学校4年で英語を、中学生になるとスゥエーデン語を習いはじめます。もともとこの国はスウェーデンの属国だったため、第2外国語はスウェーデン語で英語は第3外国語なのだとか。英語はかなり難解な単語も理解していて、ストレスなく話せます。

フィンランドの伝統料理は、サンタクロースの故郷であるラップランド地方のラピッシュ料理です。基本的に肉料理で、名物はトナカイのステーキやシチュー。市内で一番有名と言われている二つの店で、2日連続でトナカイ料理を食べました。

北の国らしく味付けは濃い目で基本は塩と胡椒です。ステーキ好きな私は海外では常にしょうゆの小瓶を持ち歩いています。サラダもドレッシングはナシでオリーブオイルやバルサミコをかけるだけというシンプルな味付け。

物価は他の北欧諸国同様にかなり高めで、一流のレストランで食事をするとワインを飲んだら客単価1万円は超えてしまいます。

街の30％以上が緑に囲まれた環境で、高層ビルはまったくなく、ランドマークと言える建物もなく高級ホテルもありません。私は寒いのが苦手ですから行きませんが、冬のオーロラを見に行くのもいいかもしれません。

②福祉国家　スウェーデン　ストックホルム

ストックホルムの街は、ヘルシンキに比べるとだいぶあか抜けた都会です。スウェーデンは第二次世界大戦で戦わなかったので、現在でも大昔のストックホルムの街並みを体験することができます。

ストックホルムは世界で最も美しい都市の一つと言われ、旧市街は、まるで中世に戻ったかのような雰囲気を味わうことができます。街全体は運河と緑に囲まれ、中世の趣を残しながらも近代的な美しさがあります。ヨーロッパは鉄道の街が多く、ここストックホルムも中央駅を中心に栄えています。

街の飲食店はステーキハウスとピザ屋、それに寿司屋も多くあります。通貨はクローネ。ユーロが使えないので若干不便ですが、ほとんどの店でカードが利用できますので問題はありません。

スウェーデンの人口は９００万ほどですが、その10％の90万人が首都ストックホルムに住んでいます。スウェーデンはご存知の通り高福祉高負担国家として知られ、ＧＤＰに占める租税率は社会保障負担を含めると51％と世界的に税金が高いことでも有名です。

その代わり16歳までの義務教育は基本無料。またこの高い税金は老後への蓄えとして、国が将来の医療などを保証してくれています。これならどこかの国と違って、高い税金でも納得して払い続けられますよね。

そして教育レベルもかなり高いです。世界的な企業も多く、重電のＳＡＡＢや自動車のボルボ、通信機のエリクソンや家具のＩＫＥＡ、衣類のＨ＆Ｍなどが有名です。

スポーツも盛んで、サッカー・スキー・ゴルフ・テニスなどで世界チャンピオンを輩出しています。有名なところでは、スキーのステンマルク、テニスのＢ・ボルグやＳ・エドバーグ、ゴルフではＡ・ソレンスタムやＨ・ステンソンなど。人口の割には世界的な企業や個人を多く輩出していて優秀な民族と言えるでしょう。

街を歩いていて感じるのは、金髪で青い目のイケメンが多いことです。スウェーデン人の祖先は北方ゲルマンであるヴァイキング。寒冷地で鍛えられたせいか、体格も骨太でもがっちりしている人が多いようです。スウェーデン人男性の平均身長は１８０㎝超で、アメリカと違い太った人はあまり見かけません。

またスウェーデンは国際的に見て最も男女平等が進んでいる国で、専業主婦の割合はわずか２％。男性も積極的に育児に参加しています。国の育児制度もきちんと整っており、女性はもちろんのこと男性も育児休暇を取ることが法律で義務付けられています。

男女平等を進めるために、育児もできるだけ男性も参加するようにと1年間の育児休暇のうちの2か月は父親しか取れないという法律もあるそうです。そしてなんと育児休暇中の間は、会社から80％の給料が支払われているということです。福祉国家らしいこの充実したバックアップ体制が、男女ともに働きやすい環境を作っているのでしょう。

③世界一物価が高い国　ノルウェー　オスロ

オスロはスイスのチューリッヒとともに、世界一物価が高い国と聞いていました。結論から言うと、あまりの高さに何も買う気がしなくなりました。私は知らない土地に行くと、物価調査のため市場とスーパーに必ず立ち寄ります。ユーロではないので今いちピンと来ませんでしたが、冷静に計算してみるとやはり物価はかなり高いです。

為替は独自通貨のノルウェークローネです。レートはユーロの2割増しで、だいたい15倍にした数字が日本円です。

さてモノがどれだけ高いかです。日本で120円ほどのペットボトル（500ml）の水が300円でしたが、これはまだ許せます。1個100円のライムやレモンが1個520

円！　日本で1個１００円の板チョコが５００円！　１ℓのコカコーラが４４０円！　極めつけは、パプリカが1個７００円でした!!

このように食料品はおおよそ日本の3～4倍します。何か安いものはないかと探したところ、唯一ビールは日本よりも安かったです。ハイネケンのロング缶が6個パックで４５０円。日本だと1本３００円近くしますから1缶75円は格安！　ワインも同様に水よりも安いです。でもレストランに行くと、これが1杯１２００円ほどになります。

あまりにも高いので夕食を抜こうかと思いましたが、美味しそうなステーキハウスを発見してしまい、調査を兼ねて入ってみました。あとでコンシェルジェに聞いたら、偶然にもオスロで一番有名なお店だったそうです。

リブアイ３５０ｇを頼みましたが、サラダとグラスワインで１２０００円でした。

金額はこんなものだろうと覚悟しましたが、それよりもサービスがなっていないのです。これはノルウェーに限りませんが、北欧の人はおもてなしの精神がまるでありません。

まずウエイターがテーブルに案内してくれない。勝手に座ってもオーダーを取りに来ない。ふと見るとバーカウンターに行列ができている。聞いてみると、ここでオーダーして料金も先払い。ビールや水を客が自ら持ってテーブルに着くというありさま。日本や米国だったらあり得ないですよね。

良いサービスがあれば高い料金も納得ですが、これでは行く気がしなくなります。

オスロからコペンハーゲンへ移動したのですが、DFDSシーウェイズという3万トンのフェリーで入りました。ハッキリ言って、フェリーではなく客船のレベル。キャビンもキングサイズのベッドで、下手なホテルよりも快適でした。

オスロのホテルから港までは徒歩圏内でしたが、荷物もあったのでタクシーを利用しました。「物価が高い」という印象しかないオスロでしたが、タクシーの高さにも驚かされました！　基本料金は40クローネのスタートでしたが、5秒ごとにメーターが上がっていき、わずか5分の距離でなんと2000円超！　信号待ちでもメーターはくるくる回り、その上がり方のスピードには誰もが驚くでしょう。

ちなみにバンコクなら1時間走っても1000円ほどですからいかに法外か分かりま

す。タクシーは東京が世界一高いと思っていましたが、それは間違いでした。とにかく北欧、特にノルウェーの物価の高さには、最後まで驚きっぱなしでした。

物価のことばかりで、ノルウェーの良さがまるで伝えられませんでしたが、ここはスウェーデンと同じく福祉国家でもあります。ノルウェーは石油が出るので賃金が高いということが労働者にとっては魅力です。平均年収は８００万円超だそうですから、日本の倍ですね。でも逆にこれくらいないと生活できないと思います。高賃金のため、隣国から多くの人が出稼ぎに来ています。平日はオスロで働き、週末をスウェーデンで過ごすという、スウェーデン人にも会いました。

ノルウェーは労働者には良くても、あの異常な物価高ではツーリストには悪評でしょう。あんなにくるくるメーターが回るタクシーでは怖くて乗れません。観光もほとんど見所がなく、正直二度と行きたくない国と感じました。

④散策するだけでも楽しい　デンマーク　コペンハーゲン

夏のコペンハーゲンは大変過ごしやすい街でした。気温は摂氏25度ほどで、半袖でＯＫ

で、まるで日本の4月から5月上旬くらいの感覚でした。緑がとても多く、建物も可愛らしくて街を歩いているのがとても楽しいです。

中央駅の目の前には「チボリ」という遊園地があり、市民の憩いの場です。「チボリ」はあのディズニーも参考にしたという世界最古のテーマパーク。パーク内にはレストランも40件近くあり大いに賑わっていました。夏季とクリスマスシーズンだけの営業だそうですが、中を歩くだけでもメルヘンチックで楽しいです。

ちなみに乗り物は乗りませんでしたが、どれも結構人が並んでいました。それにしても街のど真ん中にこんなオアシスがあるとは本当に驚きです。北欧の人が短い夏を謳歌しているといった風景が印象的でした。本当に中央駅の目の前（徒歩1分）にあるので機会があれば立ち寄ってください。

ところでデンマークと言えば、カールスバーグのビールですよね。今までの3か国は寒かったのでビールを飲む気にはなりませんでしたが、ここは気候が良かったので1杯やりたくなりました。レストランでは水は35クローネ取られますが、生ビールだと30クローネ。しかも飲みきれない大ジョッキサイズです！

こちらでは皆、水よりも安いのでビールばかり飲むためにアル中も多いそうで、これは笑いごとではなく社会問題になっているようです。

私はお店に入ると、必ずいろいろな人に話しかけ現地の生の情報を仕入れます。特に暇そうな店員は、喜んで話し相手になってくれます。面白いのは、皆ペラペラとデンマーク語やスウェーデン語を話していても、話しかけるとちゃんときれいな英語で返答してくれることです。

こちらの人は4〜5か国語くらいは普通に話すそうなのですが、頭の切り替えはいったいどうなっているのでしょうか？　一つの言語をマスターするのにどれだけ大変かを経験しているので、いつも不思議に思います。

コペンハーゲンは楽しい街で、北欧4都市の中では一番好きです。あれで物価がもうちょっと安かったらなお良いのですが……あくまでも私の個人的な主観ですが、北欧4か国の自分の順位をつけるなら以下のようになります。

1．コペンハーゲン
2．ストックホルム
3．ヘルシンキ
4．オスロ

しかしやはり旅の醍醐味は、経済格差を満喫することだと思います。個人的にはバンコクやマレーシアなど、少ない資金で豪華に遊べる国が好きです。物価が安いとお金を使うのが楽しくなりますから。そういう意味では、北欧は個人的には一度体験すればいいかなという気がします。

54

世界の縮図を感じる国　UAE　ドバイ

ドバイというと皆さんはどんなイメージがあるでしょうか？

「石油で成り上がった金満国家」といったところではないでしょうか？

UAE（アラブ首長国連邦）には製造業はありません。「努力せずに汗も流さず物も作っておらず、たまたま生まれた場所に石油が出たというだけで金満国家となってしまった」という国です。

ドバイはUAEの一都市ですが、原油のほとんどは首都のアブダビで採掘されています。

ドバイは石油の儲けで金融センターを作り、その儲けで今や観光立国になりました。UAEの国民であれば基本的に教育や医療は無料。所得税もなく、民間に比べて高給である公務員への登用が優先されます。

UAEの国民同士が結婚すれば祝い金が交付され、住宅や給付金などの保障も手厚くなされます。これは国民への利益分配という意味の他に、全住民の5分の1に過ぎない連邦国民の増加策という意味もあります。

国公立学校においては小中高から大学まで、授業料はすべて無料。この国に生まれたならば、まさに「ゆりかごから墓場まで」至れり尽くせりの好待遇なのです。

UAEのGDP（国内総生産）の約40%が石油と天然ガスで占められ、その最大の輸出先は日本です。原油と天然ガスの埋蔵量はともに世界5位を占め、一人当たりの国民所得は世界のトップクラス。

住民の90%が外国人で、特にインド人が多く、外国人のうち約60%が南アジアからの出稼ぎ労働者が占めています。

しかし、長期在住者であっても国籍取得は大変難しく、失業者は強制送還するなど、外国人へは厳格な管理をしています。。

住んで働くことはできても、国民としてのベネフィットは与えられません。政府はあくまでも現在のUAE国民とその子孫の増加を望んでいるため、このように自国民とその子孫への手厚い支援とは裏腹に、外国人には厳しい管理体制を取っています。

ドバイは非常に暑い国で、摂氏50度以上になることも珍しくないので、移動はほとんどがタクシーです。私が乗ったタクシーの運転手は、全員インド人かバングラデシュ人でした。彼らの多くは物価が高過ぎて4～5人のシェアハウスに住んでいます。給料は手取り15万円程度だそう。

彼らは単身が条件で出稼ぎに来ているので、家族を連れての居住は認められていません。それでもここでは仕事があり、祖国よりも稼げるので不満はないのだそうです。UAEの国民を見ていると、自分たちがいかに幸せで恵まれているのか、もっと自覚すべきだと感じます。ほとんどの人は働かなくても政府が面倒を見てくれますので競争原理が働かず、外国人に比べ労働の質が低いのです。

現在、世界的に貧富の差が広がっている一方で世界人口の90％はいまだ貧困にあえいでいます。残念ですが日本もその90％に入ろうとしています。そんな状況でも一部の中東諸国は、原油がたまたま出たというだけで富める国となりました。最近は原油価格が下がっているとはいえ、何もない国に比べたら格段に恵まれています。

世界を旅すると、真の貧しさとはどういうものかを肌で感じます。東南アジアの一部の国では、ゴミを拾って生活している子供が多数います。アフリカに行けば、カカオ農園などでいまだに奴隷のような生活を余儀なくされている子供たちもたくさんいます。

そういう国に比べると、私たちは日本人に生まれてきたことに感謝しなければいけないと思います。

おわりに

いかがでしたか？

一流との交流から学んだ私の経験を中心に、彼らの人生の楽しみ方をお伝えしてきました。

人生とは、出会いを中心とした未知なる世界を知るための永遠の旅です。

一流の人たちは、仕事だけではなく、家族や大切な友人たちとのプライベートな時間も楽しみ、この上なく充実した人生を歩んでいるのが分かっていただけたかと思います。私も彼らと同じ時間を共有することで、それまでの人生よりも濃く深く生きていることを実感しています。あなたにもぜひ、一流と呼ばれる人たちの行動や考え方を知り、成功のヒントを得ていただきたいと思い本書を執筆致しました。

今まで運、お金、健康、外見、英語、旅、などなど一流の人たちが必ず持っているキーワードをお伝えしてきました。これらのキーワードは、あなたの人生のステージを上げるために、すべて必要なものです。しかし、いきなりすべてを手に入れることは難しいでしょう。

でも、一流と呼ばれる人たちも、最初からすべてを手にしていたわけではありません。彼らの住んでいる世界は、すべては目標を持ち、未来の自分を想像し、そこに向けてコツコツ努力した人だけが住める場所です。あなたもぜひそこを目指してください。

それには、やったことがないことにどんどんチャレンジし、たくさんのアクションから経験値を積み上げていくことです。この経験こそが、あなたの財産となり、人間的な魅力を作っていくのです。

私自身も現状に満足しているわけではなく、目指している場所があります。ですが、自分一人だけがたどり着きたいとは思っていません。

私が10年以上書いてきたメルマガを通じて出会った人たち、セミナーやコンサルティングを通じて出会った人たち、私の周りにいてくれる大事な友人たちとともにステージを上がって行きたいのです。

本書があなたの人生の楽しみを広げるヒントになれば、著者としてこれ以上の喜びはありません。

なお、鳥居の公式メルマガ「ポジティブ・ライフスタイルのススメ」には、私のライフスタイルを中心に価値ある人との出会いや交流から得た学びや考え方、成功哲学や書評、マーケティングや社会問題など幅広いテーマで日々配信しております。「読むだけで人生が変わる！」をモットーに、毎回魂を込めて書いていますので、ぜひ読んでみてください。無料ですのでこの機会に以下より登録をいただけると幸いです。http://www.yuichitorii.com/mg/

最後にＰＨＰ研究所の中村悠志さん、根本騎兄さん、日頃から多大なサポートをいただいている本田健さん、山本敏幸先生、ライターの戸田美紀さん、そして本書を最後まで読んでくれたあなたに心から感謝いたします。

ありがとう！

鳥居祐一

〈著者略歴〉

鳥居祐一（とりい・ゆういち）

1961年横浜市生まれ。5歳から10歳まで米国ニューヨークで育つ。85年青山学院大学経済学部卒業。87年カルフォルニア大学アーバイン校（UCI）留学。日系経済機関を経て94年に独立。

長年人間の行動と心理を研究し、日米の多くの億万長者との交流から金儲けの理論を学ぶ。

現在、執筆・講演活動の傍ら、個人面談を中心にしたサクセスカレッジを主宰。あらゆる職種の方に目標設定や成幸ナビゲーションを指導。集客やブランディングに悩んでいる人のコンサルティングを手掛ける。

主な著書に、『お金持ちにはなぜ、お金が集まるのか』（PHP文庫）、『学校で教えない億万長者の授業』（中経出版）、『スピード・ブランディング』（ダイヤモンド社）、『人脈塾』（角川フォレスタ）、訳書に『億万長者の秘密をきみに教えよう』（ロジャー・ハミルトン著、中経出版）などがある。

一流の人はなぜ、そう考えるのか

MILLIONAIRE THINKING

2016年3月11日　第1版第1刷発行

著　者	鳥　居　祐　一
発行者	小　林　成　彦
発行所	株式会社PHP研究所
東京本部　〒135-8137	江東区豊洲5-6-52
ビジネス出版部	☎03-3520-9619（編集）
普及一部	☎03-3520-9630（販売）
京都本部　〒601-8411	京都市南区西九条北ノ内町11
PHP INTERFACE	http://www.php.co.jp/
組　版	有限会社エヴリ・シンク
印刷所	図書印刷株式会社
製本所	株式会社大進堂

ISBN978-4-569-83006-3